W0200208

Erich Grond

Die Pflege und Begleitung depressiver alter Menschen

Erich Grond

Die Pflege und Begleitung depressiver alter Menschen

schlütersche
Verlagsanstalt und Druckerei

Die Deutsche Bibliothek — CIP-Einheitsaufnahme

Grond, Erich:
Die Pflege und Begleitung depressiver alter Menschen/Erich Grond. — Hannover: Schlütersche, 1993
ISBN 3-87706-391-8

Anschrift des Verfassers:
Prof. Dr. med. Erich Grond
Veilchenstraße 1
5800 Hagen

© 1993 Schlütersche Verlagsanstalt und Druckerei GmbH & Co.,
Hans-Böckler-Allee 7, 3000 Hannover 1.

Alle Rechte vorbehalten.

Nach dem Urheberrechtsgesetz vom 9. September 1965 i. d. F. vom 1. Juli 1985 ist die Vervielfältigung oder Übertragung urheberrechtlich geschützter Werke, also auch der Texte und Illustrationen dieses Buches — mit Ausnahme der Vervielfältigung gemäß §§ 53 und 54 URG —, ohne schriftliche Zustimmung des Verlages nicht zulässig. Als Vervielfältigung gelten alle Verfahren einschließlich der Fotokopie, der Übertragung auf Matrizen, der Speicherung auf Bändern, Platten, Transparenten oder anderen Medien.

Gesamtherstellung: Schlütersche Verlagsanstalt und Druckerei
GmbH & Co., Hans-Böckler-Allee 7, 3000 Hannover 1.

Vorwort

Depressive Syndrome sind bei 60- bis 80jährigen die häufigsten psychischen Störungen. Depressive Syndrome entwickeln sich oft aus unbewältigter Trauer. Die Symptome sind im Alter nicht so charakteristisch wie bei Jüngeren. Mit zunehmendem Alter wird die Unterscheidung von depressiven Syndromen zur Demenz schwierig. Die Einteilung in somatogene, endogene und psychogene ist bei Älteren nicht mehr eindeutig. Depressionen im Alter weisen Besonderheiten gegenüber Jüngeren auf.

Depressive Syndrome im Alter sind multifaktoriell bedingt. Verschiedene Bedingungen können sich wechselseitig verstärken. Um Altersdepressive besser zu verstehen, sollten Pflegende die Bedingungen kennen. Die Therapie darf sich nicht nur auf die Gabe von Antidepressiva beschränken, sondern sollte Psycho- und Soziotherapie gleichgewichtig miteinschließen. In der Vorbeugung ist Suizidverhütung zentral, aber auch die Frage, wie sich Pflegende vor Depressionen schützen können. In allen bekannten, auch neueren Veröffentlichungen wird Pflege von Depressiven im Alter nicht beschrieben oder nur als Hilfe für ärztliche Maßnahmen, nicht als eigenständiger Berufsbereich verstanden. In diesem Buch wird die Pflege Altersdepressiver in den Mittelpunkt gestellt mit dem Ziel, nicht Pflegetechniken, sondern mehrdimensionale Begleitung und Pflege der Aktivitäten des täglichen Lebens und der existentiellen Erfahrungen des Lebens zu vermitteln und Pflege nicht als medizinische Behandlungspflege, sondern als bio-psycho-soziale Begleitung zu verstehen.

Hagen, Januar 1993

Erich Grond

Inhaltsverzeichnis

1. Wie häufig sind depressive Syndrome im Alter?

Etwa ein Viertel aller über 65jährigen ist psychisch verändert (nach COOPER und SOSNA 1983 24,4 Prozent und nach DILLING und WEYERER 1984 23,1 Prozent), in Heimen sind es etwa 60 Prozent (nach OESTERREICH, persönliche Mitteilung). Nach KRAUSS (1977) nimmt das Erkrankungsrisiko mit steigendem Alter zu: von den 70- bis 74jährigen haben 3 Prozent, von den über 85jährigen 32 Prozent eine schwere psychische Störung. An hirnorganischen Psachosyndromen (Hirnschädigungen und Hirnfunktionsstörungen) leiden etwa 11 Prozent, an depressiven Reaktionen und Neurosen etwa 10 Prozent und an manisch-depressiven und schizophrenen Psychosen 2,2 Prozent der über 65jährigen (DILLING u. a. 1984). Die Zahl der manisch-depressiven Psychosen nimmt mit zunehmendem Alter zu und bei Hochbetagten wieder ab, wie folgende Tabelle von CIOMPI (1972) zeigt:

Tabelle 1: Manisch-depressive Psychosen nach Alter und Geschlecht

Alter	Frauen	Männer
bis 19	5,5 %	7,7 %
20—29	16,8 %	8,7 %
30—39	14,0 %	9,1 %
40—49	14,7 %	10,5 %
50—59	17,4 %	15,5 %
60—69	24,8 %	14,4 %
70—79	22,7 %	16,8 %
über 80	8,2 %	6,8 %

Da 15 bis 17 Prozent der Älteren in einem bestimmten Zeitraum an depressiven Syndromen erkrankt (ANGST 1989) und die Rate psychischer Störungen bei körperlich kranken Älteren 6mal häufiger als bei körperlich gesunden Älteren ist (HÄFNER und RIECHER 1985), wird die Depression im Alter zu einem zentralen Problem der täglichen Pflege.

Der Gipfel der Ersterkrankungen an neurotischen Depressionen bei Frauen liegt bei 25 bis 29 Jahren (bei Männern 40 bis 45) und für psychotische Depressionen bei Frauen bei 50 bis 54 Jahren (bei Männern bei 60 bis 64) (nach ANGST 1986).

Nach der von DE LEO und DIEKSTRA 1990 zusammengefaßten Literatur sind etwa 10 Prozent aller Älteren depressiv, in Heimen nach MORGAN (1984) 38 Prozent. Nach HAUTZINGER nehmen Ersterkrankungen an Depressionen im Alter ab. Nach BLAZER (1980) sind depressive Erkrankungen bei alten Menschen häufiger als bei jüngeren. Diese unterschiedlichen Häufigkeitsangaben sind z. T. auf unterschiedliche Untersuchungsmethoden und Diagnosekriterien zurückzuführen. GERTZ (1990) nimmt an, daß die Häufigkeit depressiver Reaktionen auf körperliche Erkrankungen im Alter eher überschätzt wird. Nach DE LEO und DIEKSTRA (1990) ist bei über 60jährigen Depression die häufigste psychiatrische Diagnose, bei über 80jährigen sind es dementielle Prozesse. Nach diesen Autoren erhalten nur 25 Prozent der Altersdepressiven eine antidepressive ärztliche Behandlung. Pflegende können durch sorgfältige Krankenbeobachtung und Gespräche mit dem Arzt dazu beitragen, daß alte Depressive richtig behandelt werden.

Während jüngere Frauen häufiger depressiv werden als Männer, sind Männer im Alter fast doppelt so häufig suizidal. Da von den 75- bis 80jährigen ⅓ Männer und ⅔ Frauen und von den 80- bis 90jährigen ¼ Männer und ¾ Frauen sind, werden Pflegende mehr depressiven alten Frauen als Männern begegnen.

2. Wie ist eine traurige, gedrückte Stimmung von einer Depression zu unterscheiden?

Trauer ist ein normaler psychischer Entwicklungsprozeß des Abschiednehmens. Nicht nur der Verlust von Mitmenschen, sondern auch von Aufgaben und körperlichen und psychischen Fähigkeiten, z. B. durch Erkrankungen, verursacht Trauer. In der Trauer treten unterschiedliche Gefühle auf, wie z. B. Schock, Sehnsucht, Gefühl, verlassen und einsam zu sein, hilflos und von anderen abhängig zu werden, Enttäuschung, Wut, Zorn, Angst vor der Zukunft und Schuldgefühle. Einige Trauernde stumpfen ab, andere regredieren, andere verleugnen. Wie der einzelne reagiert, ist davon abhängig, wie er in seiner Biographie Verluste zu bewältigen gelernt hat, welche positiven Aspekte er im Augenblick wahrnehmen kann und welche Zukunftsperspektiven oder Sorgen er hat. In der Trauer können verschiedene körperliche Reaktionen die Gefühle begleiten oder ersetzen: Trauernde können sich schwach, energielos, müde fühlen, kurzatmig werden, das Gefühl des leeren Magens, einer Brustbeklemmung oder einer zugeschnürten Kehle oder eines trockenen Mundes erleben, an Appetit und Gewicht verlieren, im Schlaf gestört und tagsüber geistesabwesend reagieren. Manche seufzen, stöhnen, holen tief Luft oder rufen laut nach dem Verlorenen. Manche glauben, den Verstorbenen zu sehen, seine Schritte oder seine Stimme zu hören oder ihn riechen oder ihn tasten zu können. In tiefer Trauer sind diese vorübergehenden Halluzinationen normal.

Stimmungen, Gefühle und körperliche Reaktionen sind bei jedem Trauernden anders und schwanken sehr stark. Um sich neu orientieren zu können, muß der Trauernde Abschied nehmen innerlich von bisherigen Quellen der Freude und Entlastungsmöglichkeiten und äußerlich von bisherigen Formen der Alltagsbewältigung. KRUSE (1992) beschreibt, wie Trauernde wechseln, sich im innerlichen Abschied auf sich selbst zurückzuziehen und im äußerlichen Abschied sich für neue Alltagsanforderungen zu öffnen.

Der Trauerprozeß nach Partnerverlust ist um so belastender, je kleiner das soziale Netz, je geringer außerfamiliäre Beziehungen und je geringer die Fähigkeit ist, den Alltag zu bewältigen. Partner sterben nach, wenn sie bei geringer Alltagskompetenz die eigene Situation als unveränderlich erleben. Trauer nicht nur nach Verlust der Bezugsperson, sondern auch nach Verlust von Rollen, Aufgaben, Gesundheit und Fähigkeiten und vorwegnehmende Trauer vor dem eigenen Tod fördert weitere Entwicklung. KRUSE weist auf die Trauer nach Grenzerfahrungen hin. Alternde erleben in Kompetenzverlusten das Ende einer Täuschung über sich, d. h. Grenzen, die sie in Frage stellen, ihre Identität bedrohen oder erschüttern. In Grenzerfahrungen braucht der Trauernde keinen Rat, sondern einen Mitmenschen, der ihm zuhört, anteilnimmt und akzeptiert, wenn er sich zurückzieht, um sich selbst wieder zu finden.

Wer Trauer nicht wahrnimmt, täglich mit Ablenkungen betäubt, verhindert Trauerarbeit und weitere Entwicklung, d. h. er bleibt in einer Depression stecken.

Viele Ältere haben den Krieg mit schweren Verlusten von Angehörigen, von Heimat und Besitz, von Freiheit in Gefangenschaft und bisherigen Wertvorstellungen erlebt, ohne sich mit der Geschichte auseinandersetzen zu können: Diese »Unfähigkeit zu trauern« nach MITSCHERLICH erklärt, warum Ältere um so eher depressiv werden, je mehr sie im Krieg belastet waren und je weniger sie diese Belastungen verarbeiten konnten. Die folgende Übersicht faßt die trauerbehindernden Faktoren zusammen.

1. In der Biographie erlernte Trauerabwehr durch Ablenkung,
2. ambivalente Beziehung zur verlorenen Person oder Aufgabe,
3. mangelnde Kompetenz, den Alltag zu bewältigen,
4. fehlende außerfamiliäre Trauerbegleiter,
5. zu ständiger Aktivität ratende Trauerbegleiter,
6. gesellschaftlich bedingte Unfähigkeit zu trauern,
7. Abwertung von Trauer als mangelndes Gottvertrauen, wie einige Theologen behaupten.

Trauer ist ein natürlicher Prozeß im Leben eines jeden Menschen und nicht ein Symptom der Depression. Unverarbeitete Trauer kann im Alter zu einem depressiven Syndrom führen. Die Übersicht versucht, Trauer und Depression zu unterscheiden.

Tabelle 2: Abgrenzungsversuch zwischen Trauer und Depression

Trauernder	Depressiver
reagiert auf Verluste »end-täuscht«	erlebt sich niedergeschlagen, antriebs- und energielos
Weinen und Gespräche erleichtern	ist oft unfähig, zu weinen Gespräche erleichtern später
bewältigt ambivalente und Schuldgefühle	betäubt Gefühle verdrängt unverarbeitete Trauer beschuldigt und entwertet sich
löst sich von verlorenen Personen, Aufgaben	kann sich nicht loslösen
findet neue Ziele	hat keine Zukunftsperspektive
zieht sich zurück und sucht Kontakte	zieht sich zurück, sucht keine Kontakte
trauert begrenzte Zeit	ist lange depressiv

3. An welchen Symptomen ist ein depressives Syndrom zu erkennen?

Depressionen sind durch psychische, psychomotorische und körperliche Symptome charakterisiert.

1. Die **psychischen** Symptome ergeben sich aus der Hemmung von Wahrnehmung, Denken, Fühlen und Antrieb.

— Ein Depressiver nimmt auswählend (selektiv) negativ wahr. Er sieht nur das Dunkle, das Unangenehme und Bedrückende, nicht das Positive oder Erfreuliche.

— Der Depressive denkt verlangsamt, erschwert, ist unkonzentriert, hat Schwierigkeiten, sich etwas Neues zu merken, grübelt viel, denkt manchmal zwanghaft an den Tod oder an Selbsttötung. Er denkt automatisch an das Negative, verallgemeinert (»es ist immer so, es wird nie anders, alle mögen mich nicht, keiner kann mir helfen, jeder ist besser . . .« usw.), er denkt verzerrt, schreibt sich selbst die Mißerfolge zu, Erfolge den Umständen, er bewertet sich als Versager. Er selbst, die Umwelt und die Zukunft seien negativ (kognitive Triade): Er selbst könne nichts mehr, die Umwelt könne ihm nicht helfen und die Zukunft sei aussichtslos. Aus den negativen Gedanken folgen negative Gefühle.

— Der Depressive fühlt sich innerlich leer. Dieses Gefühl kann sehr schmerzhaft sein.

Eine 70jährige klagte: »Ich habe ein Herz aus Stein.«

Für die Vergangenheit haben Depressive Schuldgefühle, für die Gegenwart ein niedergeschlagenes, gedrücktes Gefühl, das über normales Traurigsein hinausgeht, und vor der Zukunft Angst. Depressive fühlen sich für alles verantwortlich und deshalb leiden sie unter starken Versagens- und Schuldgefühlen und entwerten sich ständig selbst.

— Der Depressive fühlt sich interesse-, hilf-, freud-, willen-, lust-, kraft-, energie-, ziel-, gefühl-, leb-, trost-, hoffnungslos, d. h., er hat alle Gefühle verloren: Losigkeitssyndrom.

— Der Depressive ist antriebsgehemmt, entscheidungsunfähig, er vermeidet, sich zu etwas zu entschließen. Jeden Vorschlag von Angehörigen beantwortet er mit »ja, aber . . .«

2. Die **psychomotorischen** Symptome können immer wieder wechseln zwischen gehemmtem oder unruhigem Verhalten. Ängstlich-unruhige, agitiert Depressive finden keine Ruhe, fangen ständig etwas Neues an, ohne es zu Ende zu führen. Sie werden von Pflegenden oft als »verwirrt« fehl eingeschätzt und dann nicht spezifisch antidepressiv behandelt. Der gehemmt Depressive entspricht eher den Erwartungen der Pflegenden: er sitzt apathisch in der Ecke und blickt auf den Boden, ohne Blickkontakt aufzunehmen.

3. Die **körperlichen** Symptome sind im Alter häufig vorherrschend. Die Vitalgefühle sind gestört, der Kranke ist müde, energie- und kraftlos, erschöpft und erschlafft. Bei schwerer Depression nehmen Appetit und Gewicht eher ab, bei leichter Depression auch zu. Altersdepressive sind häufig verstopft und klagen oft über einen trockenen Mund. Bei leichter Depression können sie schlecht einschlafen, bei schwerer Depression können sie nicht durchschlafen, sie wachen gegen 2 bis 3 Uhr auf und schlafen nicht wieder ein. Grübelnd wälzen sie sich im Bett und möchten in dem Morgentief nicht aufstehen, sondern sich die Decke über den Kopf ziehen und liegen bleiben. Altersdepressive klagen häufig über Schmerzen, am häufigsten im Kopf und Nacken, dann über Schmerzen in Brust und Rücken oder auch im Bauch. Mit diesen Schmerzen suchen sie zuerst den Hausarzt auf, der die Beschwerden

als Multimorbidität deutet und mit verschiedenen Medikamenten behandelt.

Das DSM-III-R (Diagnostisch-Statistisches Manual III in Revision, 1989) formuliert als internationale Kriterien die Kernsymptome einer schweren (major) Depression:

1. Depressive Verstimmung
2. Interesse oder Freude vermindert
3. Verlust oder Zunahme von Gewicht oder Appetit
4. Schlaflosigkeit oder vermehrtes Schlafbedürfnis
5. Psychomotorische Unruhe oder Hemmung
6. Müdigkeit oder Energieverlust
7. Wertlosigkeits- und Schuldgefühle
8. Denken, Konzentration und Entscheidungsfähigkeit erschwert
9. Gedanken an Tod oder Suizid oder Suizidversuch.

Tabelle 3: Nonverbale Signale der Depression

nonverbal	gehemmt Depressive	agitiert-ängstlich Depressive
Gesicht	traurig kaum Blickkontakt blickt auf den Boden	weint fixiert nicht unruhig hin und her
Mimik	müde, abwesend, schlaff	erregt, gereizt, ängstlich, gespannt, unsicher
Sprechen	stockend, leise monoton, wortkarg klagsam anklagend	laut erregt jammernd
Bewegung	verlangsamt	getrieben, fahrig, zittrig
Gang	schleppend	ruhelos
Haltung	schlaff, gebeugt in sich gekehrt hängende Schultern	verkrampft
Händedruck	kraftlos	anklammernd
Gestik	erstarrt	spielt mit den Fingern händeringend kratzt, reibt sich Beine unruhig

Die folgende Abbildung faßt die Depressionssymptome zusammen.

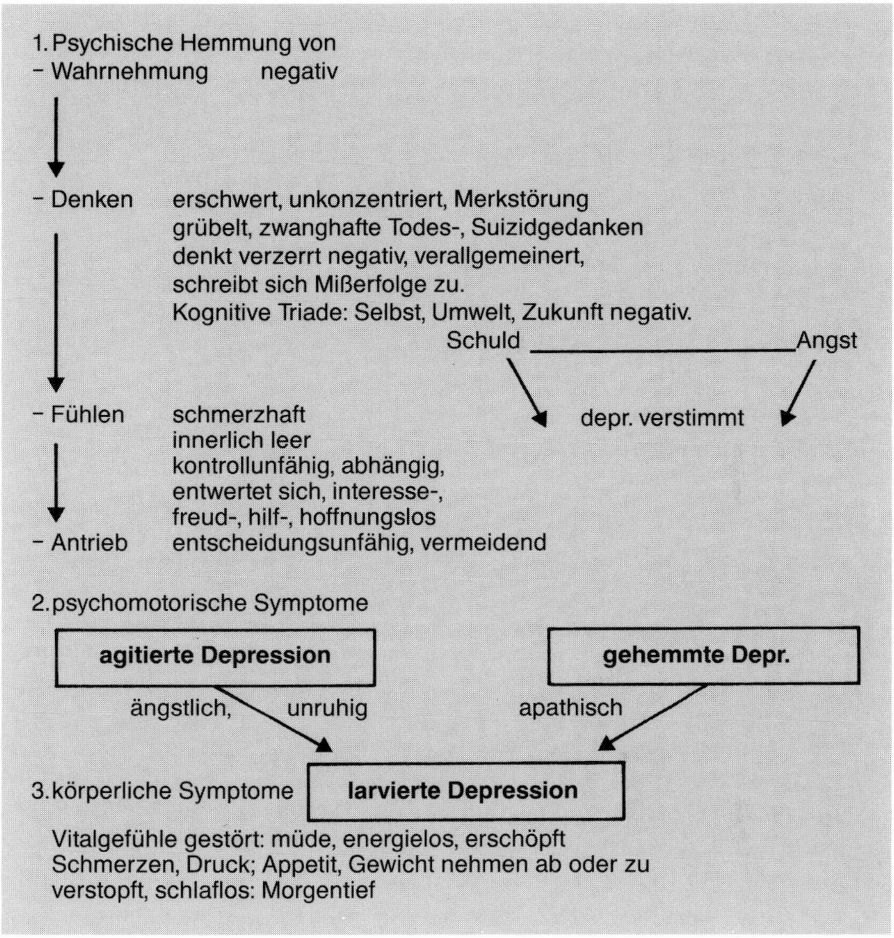

Abb. 1: Depressionssymptome

Depressive lehnen folgende Symptome ab: Krankheitsbefürchtungen, Krankheits- und Schuldwahn, Kontaktangst und vitale Traurigkeit. In ihren Klagen akzeptieren sie eher folgende Symptome: »Ich bin so traurig, unaufmerksam, kann mich nicht konzentrieren, bin innerlich unruhig, gereizt, passiv, gehemmt, habe Angst, und meine Gefühle sind wie erstarrt.«

Verdacht auf Depression besteht, wenn der Kranke

— tägliche Aufgaben nicht bewältigen kann,
— morgens kleine Aufgaben wie einen unüberwindlichen Berg empfindet,

— über Schlafstörungen und innere Unruhe klagt,
— sich mit Selbstvorwürfen plagt,
— sich für wertlos oder schuldig hält und
— Selbsttötungsabsichten äußert.

Pflegende können Altersdepressiven folgende Schlüsselfragen stellen:
— Können Sie sich noch freuen?
— Ziehen Sie sich aus Interessen zurück?
— Fällt es Ihnen schwer, sich zu entscheiden?
— Machen Sie sich Sorgen um die Zukunft?
— Fühlen Sie sich oft hilf-, wert- oder hoffnungslos?
— Sind Sie morgens müde und schwunglos?
— Grübeln Sie mehr als früher?
— Halten Sie ihr Leben für sinnlos oder für eine Last?
— Können Sie so wie früher ein- und durchschlafen?
— Spüren Sie Schmerzen oder Druck im Kopf, in der Brust oder im Bauch?
— Haben Sie an Appetit oder Gewicht verloren?

Um depressive Symptome zu erfassen, werden in Kliniken Selbst- und Fremdbeurteilungsskalen verwendet. Weltweit wird für die Selbstbeurteilung das Beck-Depressionsinventar (BDI, Beck 1986) und zur Fremdbeurteilung die Hamilton-Depressionsskala (HAMD, Hamilton, CIPS 1981) verwendet. Brauchbar für alte Menschen ist die Kurzform der Geriatrischen Depressionsskala (GDS):

1.	Sind Sie grundsätzlich mit Ihrem Leben zufrieden?	ja/nein
2.	Haben Sie viele Ihrer Aktivitäten, Interessen aufgegeben?	ja/nein
3.	Haben Sie das Gefühl, daß Ihr Leben leer ist?	ja/nein
4.	Sind Sie oft gelangweilt?	ja/nein
5.	Sind Sie meistens guten Mutes?	ja/nein
6.	Haben Sie manchmal Angst, daß Ihnen etwas Schlechtes zustößt?	ja/nein
7.	Fühlen Sie sich die meiste Zeit glücklich?	ja/nein
8.	Fühlen Sie sich oft hilflos?	ja/nein
9.	Ziehen Sie es vor, zu Hause zu bleiben, anstatt auszugehen und neue Dinge zu tun?	ja/nein
10.	Haben Sie das Gefühl, mit dem Gedächtnis in letzter Zeit mehr Probleme als sonst zu haben?	ja/nein

11. Haben Sie den Eindruck, daß es schön ist, jetzt in dieser Zeit zu leben? ja/nein
12. Fühlen Sie sich ziemlich wertlos, so wie Sie im Augenblick sind? ja/nein
13. Fühlen Sie sich voll Energie? ja/nein
14. Haben Sie den Eindruck, daß Ihre Situation hoffnungslos ist? ja/nein
15. Haben Sie den Eindruck, daß es den meisten Leuten besser geht als Ihnen? ja/nein

Die folgenden Antworten zählen je 1 Punkt: 1. nein, 2. ja, 3. ja, 4. ja, 5. nein, 6. ja, 7. nein, 8. ja, 9. ja, 10. ja, 11. nein, 12. ja, 13. nein, 14. ja, 15. ja.

Im Anhang folgt das Inventar depressiver Syndrome (IDS) von RUSH (HAUTZINGER 1986, in MEERMANN und VANDEREYCKEN 1991, S. 172—175), das in der Verhaltenstherapie verwandt wird.

Eine 74jährige, die bisher ihren Haushalt ohne Schwierigkeiten erledigte, für ihre kranke Nachbarin sorgte, einmal wöchentlich die Enkelkinder zu sich holte, alle Aufgaben gewissenhaft erledigte und jahrelang ihren kranken Ehemann ohne fremde Hilfe pflegte, zog sich nach dem Tode ihres Mannes völlig zurück, lies ihren Haushalt liegen, so daß sich der Müll in der Wohnung häufte. Sie legte sich immer wieder ins Bett, weil sie sich kraftlos fühlte, wachte um 2.30 Uhr auf und konnte nicht wieder einschlafen, grübelte über die Krankheit ihres Mannes. Sie machte sich Vorwürfe, daß sie keinen anderen Spezialisten zugezogen hatte, hielt sich für wertlos und dachte immer wieder an Suizid. Ihre bisherigen Hobbies wie Blumenpflege und Spaziergänge gab sie auf. Sie kümmerte sich nicht um die Witwenrente, alle Besorgungen mußte die überforderte Tochter für sie erledigen. Sie ging zu ihrem Hausarzt wegen Kopf- und Hüftschmerzen. Er untersuchte sorgfältig, fand Hirndurchblutungsstörungen und Hüftgelenksverschleiß und verordnete dafür Medikamente. Die Schwester der Sozialstation dachte an Depression und veranlaßte eine Behandlung mit Gesprächen und Antidepressiva bei einem Psychiater.

4. Wie ist eine Depression von einer Demenz zu unterscheiden?

Wenn ein alter Mensch niedergeschlagen, initiativelos und schlafgestört ist, sich nicht konzentrieren und sich nichts mehr merken kann, kann auch ein erfahrener Psychiater Demenz und Depression nicht sofort unterscheiden. Ein Depressiver ist mit zunehmender Schwere seiner Erkrankung immer stärker in seiner geistigen Leistungsfähigkeit eingeschränkt. Ein Dementer kann umgekehrt auf seine Intelligenzeinbußen mit einer reaktiven Depression reagieren. Außerdem gibt es organisch bedingte Depressionen und eine Alzheimer-Demenz kann mit einer Depression zusammentreffen, weil beide Krankheiten häufig sind. Erschwert wird die Unterscheidung von Depression und Demenz, weil sich depressive Symptome bei Älteren uncharakteristisch in Unruhe, Ängstlichkeit und Erschöpfung äußern können und weil depressive Phasen im Alter länger dauern als bei Jüngeren. Der Begriff »depressive Pseudodemenz« wurde durch »Demenzsyndrom bei Depression« ersetzt, ohne daß festgelegt wird, ob das Demenzsyndrom bei Depression eine eigenständige Krankheit, Ausdruck einer depressiven oder Vorläufer einer dementiellen Erkrankung ist (nach KUHS 1992). Eine frühere depressive Erkrankung und eine rasche Krankheitsentwicklung sprechen eher für eine Depression. Testuntersuchungen und Computertomogramme verbessern die Trennschärfe nicht. Die meisten Autoren (bei KUHS 1992) bejahen eine vollständige Rückbildung des Demenzsyndroms bei Depression. Eine Therapie mit

Tabelle 6: Abgrenzungsversuch von Depression und Demenz

	Depression	Demenz
Beginn	klar abgegrenzt zuerst depressiv	allmählich zuerst kognitiv gestört
geistige Leistung	vergeßlich klagt massiv, grübelt schildert detailliert leidet unter Vergeßlichkeit betont Versagen	bagatellisiert, verleugnet schildert vage, verarmt unaufmerksam, unkonzentriert verbirgt, überspielt Versagen
Orientierung	klar	desorientiert
Sprache	verlangsamt	zerfällt zunehmend
Antwort	»Ich weiß nicht«	fehlerhaft, redet vorbei
Stimmung	stabil depressiv Selbstvorwürfe	schwankend, labil beschuldigt andere
Wahnideen	einfühlbar Schuld-, Krankheitswahn	unverständlich Bestehlungswahn
Ängste	Versagensangst	gering
Schlaf	Durchschlafstörung	Unruhe nimmt zu
Verhalten	unsicher, gehemmt bleibt unauffällig sozial kompetent	fordert vernachlässigt sich, ungepflegt wird sozial inkompetent
Prognose	heilbar	fortschreitend

antriebssteigernden Antidepressiva wird von KUHS auch empfohlen bei Demenz mit depressiven Symptomen. Bei hirnorganisch Veränderten können trizyklische Antidepressiva wegen ihrer anticholinergischen Wirkung Delir, Verwirrtheit und Krampfanfälle auslösen, Nebenwirkungen, die Pflegende früh genug beobachten und dokumentieren sollten.

Pflegende sorgen bei Dementen und Depressiven für eine Aktivierung der Aktivitäten des täglichen Lebens, für mehr Selbstpflege, für eine Milieugestaltung und für Angehörigenbegleitung. Da die Suizidgefahr bei diesen Kranken besonders hoch ist, achten Pflegende auf Suizidhinweise und sorgen für Krisenintervention.

Je weiter Demenz oder Depression fortschreiten, um so leichter sind sie zu unterscheiden. Die Tabelle 6 kann Pflegenden helfen, Demenz und Depression abzugrenzen.

5. Welche Formen und Erscheinungsbilder von Depressionen sollten Pflegende kennen?

Auch wenn bei Älteren Depressionen durchmischt sind, d. h., körperliche, endogene und neurotische Depressionen nicht mehr klar abgrenzbar sind, sollten Pflegende diese 3 Formen der Depression kennen.

5.1. Somatogene Depressionen

Somatogene oder körperlich bedingte Depressionen sind organische Depressionen bei Hirnschädigung oder symptomatische bei anderen Leiden oder durch Medikamente.

5.1.1. Organische Depressionen

Bei leichten bis mittelschweren hirnorganischen Psychosyndromen hatten ein Drittel der Kranken depressive Symptome als Folge der Hirnschädigung (KAY 1972). Depression als Ungleichgewicht von Überträgerstoffen wird durch Untergang von Zellen durch Hirnatrophie oder Infarkte verständlich.

— **Organische Depression bei Alzheimer-Demenz** ist von der Demenz schwierig abzugrenzen, wie oben gezeigt. Sie kann als Demenzsyndrom bei Depression eine eigenständige Krankheit, eine beginnende dementielle Entwicklung bei Depression oder ein Vorläufer der Alzheimer-Demenz sein. Vor einer Depression und vor einer Demenz können folgende uncharakteristische Symptome auftreten (STEINWACHS in HIRSCH, S. 112):

Potentialeinbuße (Kompetenzverluste)

Leistungsinsuffizienz

frühzeitige Erschöpfbarkeit

Reizbarkeit

Versagensängste

Nachlassende Vigilanz (Wachheit)

körperliche Beschwerden

Schlafstörungen

Da die Diagnose Depression von Angehörigen und Freunden eher akzeptiert wird als die Diagnose Alzheimer-Demenz, wird die Demenz anfangs oft von Ärzten und Pflegenden verleugnet. Pflegende könnten Angehörige früh informieren und durch sorgfältige Krankenbeobachtung zur oben beschriebenen Unterscheidung zwischen Depression und Demenz beitragen.

— **Depression bei Multi-Infarkt-Demenz** und nach Apoplex wird häufig als Verarbeitungsreaktion oder als symptomatische Depression nach Hirninfarkten beschrieben. Bei fast jedem 2. Patienten mit einer Multi-Infarkt-Demenz wurden depressive Symptome gefunden. Depressive Verstimmungen sind oft schon im Frühstadium bei den Hochdruck- und Herzkranken nachzuweisen, die Hirnveränderungen im Kernspintomogramm erkennen lassen. Depressives Überdrußdenken und Antriebsverlust verstärken die kognitiven Leistungseinbußen. Hirninfarkte in der dominanten Hirnhälfte und in beiden Hirnhälften bedingen häufiger depressive Symptome als ein Infarkt in der nichtdominanten Hirnhälfte (LECHNER, SCHMIDT 1989). Eine Multi-Infarkt-Demenz beginnt akut, verläuft schubförmig wiederkehrend und geht oft mit Schlaf-Wach-Umkehr und einem plötzlichen Wechsel von Lachen und Weinen einher im Gegensatz zur Alzheimer-Demenz. Der Zelluntergang bei Hirninfarkt und Multi-Infarkt-Demenz bedingt eine Gleichgewichtsstörung der Überträgerstoffe, die depressive Symptome verständlich macht. Da die kritische Krankheitseinsicht bei Multi-Infarkt-Dementen länger als bei Alzheimer-Kranken erhalten bleibt, kommt zu den organischen Faktoren eine depressive Reaktion.

— **Depression bei Parkinson** ist häufig. Die Angaben schwanken zwischen 30 und 40 Prozent (DE LEO, DIEKSTRA 1990). Die Depression ist nicht von der Schwere der Parkinsonerkrankung abhängig, geht mit geistigen Einbußen einher und tritt bei 25 Prozent vor den typischen Parkinsonsymptomen auf. Gebückte Haltung und verlangsamtes Denken und Reagieren (Bradyphrenie) finden sich bei Parkinsonkranken und bei Depressiven. Der Parkinsonkranke wird von der Gesellschaft als typisch altersabgebaut abgewertet und reagiert oft auf Zittern und Steifigkeit mit depressiver Vestimmung. Der Mangel an Dopamin bei Parkinson beeinflußt das Ungleichgewicht des Überträgerstoffes nor-Adrenalin, das bei Depression vermindert nachweisbar ist. Bei der Depression Parkinsonkranker mischen sich also reaktive und organische Faktoren. Dopaminhaltige Medikamente bessern die Depression und anticholinergisch wirksame Antidepresiva die Parkinsonsymptome.

— **Depression bei Chorea Huntington** ist Folge einer Gleichgewichtsstörung der Überträgerstoffe Dopamin und GABA (Gamma-Amino-Buttersäure).

— **Depression bei Epilepsie, bei MS (Multipler Sklerose) und bei Zustand nach Hirntumoren** werden auch organisch durch Gleichgewichtsstörung der Überträgerstoffe erklärt.

Ein 68jähriger, selbständiger Handwerker, der bis zu seinem Schlaganfall in seiner Werkstatt gearbeitet hat, wurde im Krankenhaus wegen seines Schlaganfalles bei Diabetes und hohem Blutdruck zum »Pflegefall« erklärt und in ein 80 km weit entferntes Pflegeheim verlegt, weil in seiner Heimatstadt kein Platz in einem Pflegeheim gefunden wurde. Seine Frau hatte ihn wenige Jahre vorher verlassen, um ihre pflegebedürftige 90jährige Mutter zu pflegen. In dem gutgeführten Heim bemühten sich alle Pflegenden, den Kranken aus dem Bett zu holen und mit ihm zu üben. Trotz aller Bemühungen war er nicht mehr zu motivieren. Seine Frau und seine Kinder besuchten ihn nur monatlich einmal. Er fühlte sich alleingelassen, gab sich selbst auf, besorgte sich im Heim Süßigkeiten, rauchte weiter, nahm die Blutdrucktabletten nicht mehr ein und wollte nur noch sterben. Er verweigerte schließlich die Nahrung, wurde wieder eingewiesen und durch eine PEG ernährt. Seine Depression wurde nicht erkannt, er wurde für dement erklärt bei Hirnarteriosklerose und erhielt durchblutungsfördernde Medikamente; er starb im Krankenhaus nach einem erneuten Hirninfarkt.

5.1.2. Symptomatische Depressionen

Bei symptomatischen Depressionen ist die Depression Symptom einer Hirnfunktionsstörung bei einer anderen Erkrankung oder einer Arzneimittelnebenwirkung. Wie bei den organischen Depressionen kommen häufig depressive Reaktionen hinzu.

— Symptomatische Depressionen wurden **bei** folgenden **inneren Erkrankungen** beschrieben:

bei Erkrankungen von Leber, Niere und Darm,

bei niedrigem und hohem Blutdruck und bei Herzschwäche,

bei Hormonstörungen, z. B. prämenstruell, Östrogenmangel im Klimakterium, Thyroxinmangel bei Unterfunktion der Schilddrüse

(Myxödem) und Kortisonüberschuß bei Überfunktion der Nebennierenrinde (Cushing),

bei rheumatischen Erkrankungen,

bei Blutarmut, Eiweiß- und Vit-B12-Mangel,

bei Tuberkulose und chronischen Virusinfekten,

bei Leukämie, bei Pankreas-, Bronchial- und Ovarial-Ca, besonders nach Bestrahlung und Zytostatika.

— **Pharmakogene,** durch Arzneimittelnebenwirkungen bedingte Depressionen entstehen durch Veränderung des Überträgerstoffwechsels durch Medikamente. Dauerbehandlung mit folgenden Arzneimitteln kann zur Depression beitragen oder eine bestehende verschlimmern:

Blutdrucksenker, die Reserpin, β-Blocker oder Clonidin enthalten,

Kortison und Gelbkörperhormon,

Rheumamittel wie Indomethacin, Resochin, Butazolidin,

Tetrazykline, Sulfonamide und INH,

Neuroleptika, Benzodiazepine und Barbiturate,

Antiepileptika wie Phenhydan und Petnidan,

Vinblastin, Tagamet und Sibelium.

Pflegende können dazu beitragen, daß innere Leiden, die eine symptomatische oder Begleitdepression mit bedingen, früh erkannt und hinreichend behandelt werden. Pflegende können mit sorgfältiger Beobachtung und Pflegedokumentation die Arzneimittel, die Depressio-

Tabelle 7: Übersicht über die somatogenen Depressionen

Somatogene affektive Störung oder Depression

1. organische Depression bei Hirnschädigung
   - bei Demenz vom Alzheimer-Typ
   - bei Multi-Infarkt-Demenz und Apoplex
   - bei Parkinson
   - bei Chorea Huntington
   - bei Epilepsie, MS, Hirntumoren u. a.
2. symptomatische Depression
   - bei inneren Leiden: z. B. der Leber, Niere, von Herz-Kreislauf, Hormonstörung, Anämie, chronischen Infektionen, Krebs
   - pharmakogene Depression, z. B. durch Blutdrucksenker, Kortison, Rheumamittel, Antibiotika, Neuroleptika und Tranquilizer, Antiepileptika und Zytostatika

nen verschlimmern, früh erfassen und zum Absetzen oder Ersatz durch andere anregen.

5.1.3. Larvierte Depression

Die symptomatische Depression ist von der larvierten Depression zu unterscheiden. Bei der larvierten Depression werden depressive Gefühle in den Körper verlagert, der Kranke klagt über Schmerzen oder Druck in Kopf, Nacken, Brust, Rücken oder Bauch, auch ohne daß ein inneres Leiden vorliegen muß. Bei der Multimorbidität Älterer werden meist Befunde erhoben, die zu den Beschwerden passen und entsprechend behandelt. Dabei wird die zugrundeliegende Depression bei ¾ der Kranken übersehen.

5.2. Endogene Depressionen

Bisher wurden Depressionen in endogene und exogene, das sind somatogene und psychogene, eingeteilt. Die körperlichen und psychischen Faktoren werden in folgender Übersicht dargestellt:

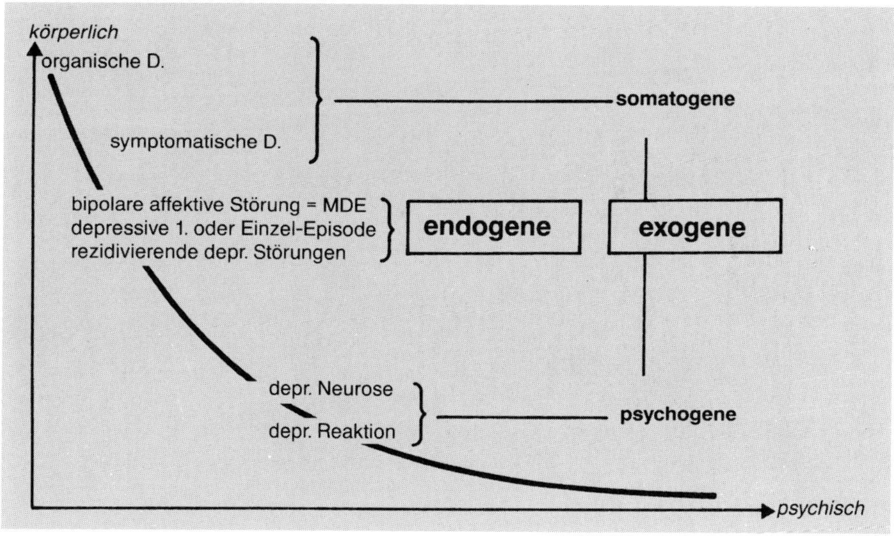

Abb. 2: Einteilung der Depressionen,
MDE = manisch-depressive Erkrankung

In der neuen internationalen Klassifikation psychischer Störungen ICD 10, Kapitel V (F) der Weltgesundheitsorganisation tauchen Begriffe wie Altersdepression, endogene Depression oder manisch-depressive Erkrankung nicht mehr auf. Manische und depressive Leiden werden als Affektive Störungen F3 zusammengefaßt. Depressionen im

Alter sind nach der ICD 10 entweder einer gegenwärtig depressiven Episode einer bipolaren affektiven Störung (F31), einer depressiven Erst- oder Einzelepisode (F32) oder einer rezidivierenden depressiven Störung (F33), einer anhaltenden affektiven Störung (F34), d. h. einer neurotischen Depression (Dysthymia nach der neuen ICD 10) oder einer anderen affektiven Störung (F38) zuzuordnen.

Diese international gültige Einteilung entspricht der in DSM-III-R (Diagnostisch-Statistisches Manual in 3. Ausführung und Revision, 1989). Von allen bisher als endogen bezeichneten Depressionen machen manische Episoden 10 Prozent, manisch-depressive Erkrankungen (MDE) 30 Prozent und endogene Depressionen ohne Manie (Melancholie oder Major-Depression in DSM-III-R) etwa 60 Prozent aus. Melancholie tritt zu ¼ als Einzelepisode und zu ¾ wiederholt als rezidivierende Störung auf. Die folgende Übersicht stellt neue und alte Bezeichnungen gegenüber:

Tabelle 8: Neue und alte Bezeichnungen für Depressionen

	neue Bezeichnung nach ICD 10	alte Bezeichnung
F3	affektive Störungen	
F30	manische Episode	Manie
F31	bipolare affektive Störung gegenwärtig manische Episode gegenwärtig depressive Episode	manisch-depressive Erkrankung
F32	depressive Erst- oder Einzelepisode: leichte mit/ohne somatische Symptome, mittelschwere mit/ohne somatische Symptome, schwere mit/ohne psychotische Symptome	Melanchoic Major-Depression
F33	rezidivierende depressive Störungen: leichte, mittelgradige, schwere	
F34	anhaltende affektive Störungen: Zyklothymia Dysthymia	 zyklothyme Persönlichkeit neurotische Depression
F38	andere affektive Störungen	

Bei der endogenen Depression geht die Schwermut tiefer als bei einer neurotischen. Der Kranke fühlt sich gequält von innerer Leere und Leblosigkeit. Schulderleben kann sich bis zum Schuldwahn steigern. Als Kernsymptome kommen Durchschlafstörungen mit einem Morgentief, Interesseverlust, Vitalstörungen (z. B. Appetitverlust) und Neigung zum Somatisieren hinzu.

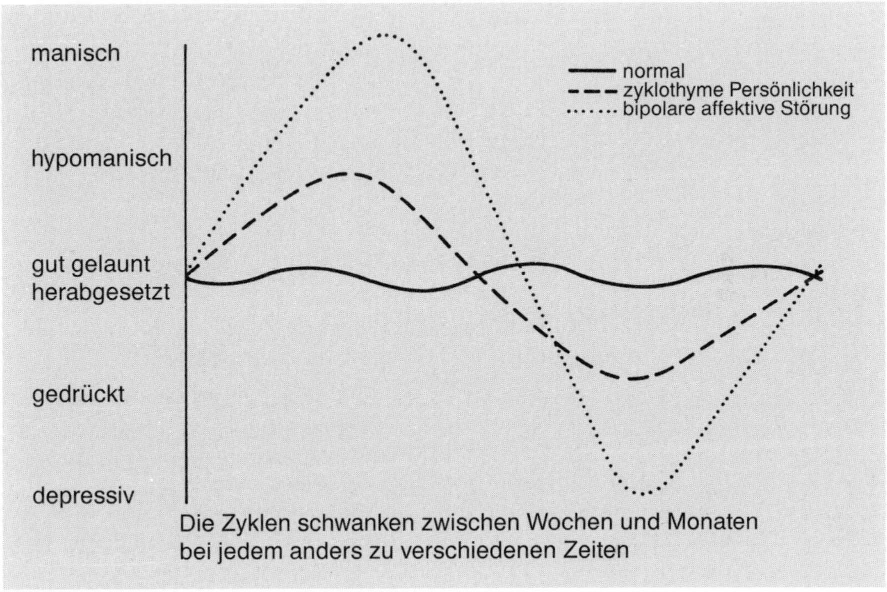

Abb. 3: Stimmungsschwankungen bei bipolarer affektiver Störung, zyklothymer Persönlichkeit und normal

Die Kriterien einer depressiven Episode sind nach ICD 10 und nach DSM-III-R: Für mindestens 2 Wochen ist die Stimmung gedrückt, Interessen und Freude verloren und Antrieb und Energie so vermindert, daß der Kranke nach kleiner Anstrengung ermüdet. Dazu müssen mindestens 2 der folgenden Symptome nachweisbar sein: unkonzentriert, unaufmerksam, vermindertes Selbstwertgefühl und Selbstvertrauen, Gefühl von Schuld und Wertlosigkeit, negative und pessimistische Zukunftsperspektiven, Gedanken an Tod und Selbstverletzung, Schlaf und Appetit vermindert. Dazu kommen somatische Symptome wie Früherwachen und Morgentief, psychomotorisch gehemmt oder agitiert, Appetit-, Gewichts- und Libidoverlust und mangelhafte Reaktion auf eine freundliche Umgebung. Zu diesen Symptomen können bei einer schweren depressiven Episode (F32 nach ICD 10) folgende

psychotischen Symptome kommen: zuästzlich Halluzinationen, Wahn (z. B. Schuld-, Krankheits-, Verarmungswahn) und ein depressiver Stupor (regungslos), d. h., eine depressive Psychose geht mit Halluzinationen, Wahn und Stupor einher.
Manische Episoden als Teil einer bipolaren affektiven Störung sind im Alter sehr selten. Einer manischen Episode im Alter ist fast immer eine manische Episode in jüngeren Jahren vorausgegangen (DE LEO, DIEKSTRA 1990). Manisch Kranke sind im Wahrnehmen, Denken, Fühlen und Antrieb gesteigert oder aufgedreht. Die Kriterien für eine manische Episode sind nach DSM-III-R: gehobene oder gereizte Stimmung und mindestens 4 von folgenden Symptomen: Der Kranke hat kaum Schlafbedürfnis, ist zielgerichtet überaktiv, redselig, überschätzt sich selbst in Größenideen, die Gedanken jagen sich (Ideenflucht), er ist leicht ablenkbar und spricht nur von angenehmen Aktivitäten (Euphorie). In seinen überschwenglichen Gefühlen verspricht er Heirat (Heiratsschwindler) oder Geschenke (Betrug), prahlt mit seiner Kraft und Leistungsfähigkeit, neigt zu Kaufzwang und stürzt damit seine ganze Familie in den Ruin. Uneinsichtig kann er sehr aggressiv reagieren, d. h., er belastet zwischenmenschliche Beziehungen erheblich.

Eine 78jährige ehemalige Krankenschwester in einer manischenEpisode übernahm in einem Helferwahn pflegerische Tätigkeiten für Pflegebedürftige, kaufte für alle Berge von Süßigkeiten und »fütterte« damit ihre Mitbewohner im Altenheim. Als sie eine Woche lang die Nachtwache mit übernommen hatte, brach sie zusammen und ihre manische Episode schlug in eine schwere depressive Episode um.

Manie ist von der häufigeren agitierten Depression abzugrenzen.

Tabelle 9: Abgrenzung von Manie und agitierter Depression

	Denken	Stimmung	Antrieb
agitierte Depression	gehemmt	depressiv	unruhig, gesteigert
Manie	ideenflüchtig	euphorisch gehoben	gesteigert

Auch alte manisch Kranke sprechen auf Lithium und kurzfristige Neuroleptikabehandlung an. Pflegende müssen ständig Grenzen aufzeigen, konsequent an die Aktivitäten des täglichen Lebens heranführen und Angehörige, Mitpatienten und sich selbst vor Betrug und aggressiven Übergriffen schützen.

5.3. Neurotische Depression

Nach dem Epidemiologic-Catchment-Areas-Program (ECAP) in den USA, 1984, gab es in dem Beobachtungszeitraum von 6 Monaten bei über 65jährigen neurotische Depressionen bei 2,1 bis 3,8 Prozent der alten Frauen und bei 1,2 bis 2,6 Prozent der alten Männer. Nach DILLING u. a. (1984) leiden 10,8 Prozent der über 65jährigen an Neurosen und psychosomatischen Störungen. Bei den Neurosen überwiegen bei weitem die depressiven Neurosen.

Nach ICD 10 und DSM-III-R gelten für die neurotische Depression folgende Kriterien: Die depressive Verstimmung dauert mindestens 2 Jahre, der Kranke fühlt sich energiearm oder erschöpft und hat mindestens 2 der folgenden Symptome: Der Kranke ist unkonzentriert, entscheidungsschwach, hoffnungslos, sein Selbstwertgefühl ist vermindert und Schlafbedürfnis und Appetit sind vermindert oder vermehrt. Mit zunehmendem Alter dauern neurotische Depressionen immer länger.

Neurotische Depression oder Dysthymia nach ICD 10 ist aus der Biographie verstehbar, nicht immer sind Konfliktsituationen als Auslöser auszumachen. Nach meiner Erfahrung entwickelt sich eine neurotische Depression überwiegend aus unbewältigter Trauer. Wenn Trauerarbeit behindert wird durch ständige Ablenkung und Verleugnung, durch mangelhaft erlernte Kompetenz, den Alltag zu bewältigen, und durch fehlende Kontakte kann Trauer allmählich übergehen in eine neurotische Depression, besonders wenn Verletzlichkeitsfaktoren der Persönlichkeit hinzukommen, wie Erbanlagen, Perfektionismus oder daß sich Alternde als hilflos und kontrollunfähig erleben. Neurotische und reaktive Depressionen sind als pathologische Trauerreaktion nach dem Tod des Ehepartners häufiger als endogene Depressionen (nach BRON 1991). Der Trauerprozeß ist nach BRON abhängig von der Beziehung zum Verstorbenen, von situativen Todesumständen und objektiv belastenden Faktoren: Mehr als ¼ der endogenen und mehr als jeder 5. neurotisch-reaktiv Depressive waren vom Verstorbenen abhängig. Bei jeder 7. endogenen und jeder 5. neurotisch-reaktiv depressiven Patientin war die einzige Bezugsperson verstorben. Endogene Depressionen waren nach plötzlichem Tod häufiger, neurotisch-reaktive Depressionen häufiger nach langjähriger Pflege. Bei jeder 9. endogenen und jeder 6. neurotisch-reaktiv depressiven Patientin lagen besonders belastende Umstände zum Todeszeitpunkt vor, die zum Überleben zwangen, z. B. Kriegserlebnisse, so daß Trauerarbeit verhindert wurde.

Weil Pflegende oft längere Kontakte zu schwer und alten Kranken haben, kennen sie die belastenden Faktoren und die situativen Todesumstände und können die Angehörigen bei der Trauerarbeit begleiten.

Wenn neurotische Depressionen nicht behandelt werden, können sich Somatisierungsstörungen oder larvierte Depressionen entwickeln. Larviert bedeutet, daß sich hinter der Maske oder Larve körperlicher Beschwerden eine Depression verbirgt. Zu dieser Verlagerung in den Körper tragen Beschleunigungsfaktoren wie andere Krankheiten, Trennungserlebnisse, Pensionierung ebenso bei wie das Fehlen eines sozialen Netzes, weil Bezugspersonen verstorben sind. Manche neurotisch Depressive haben mit körperlichen Beschwerden einen größeren Krankheitsgewinn, d. h. erhalten mehr Zuwendung. Wenn zunächst bei Schmerzen oder Druck in Kopf, Nacken, Rücken, Brust oder Bauch keine Befunde erhoben werden, werden diese Kranken oft als hypochondrisch nicht ernst genommen. Gewöhnlich finden sich bei Älteren Verschleißerscheinungen z. B. der Wirbelsäule, die dann behandelt werden, ohne die larvierte Depression zu erkennen. Hinter vielen psychosomatischen Beschwerden Älterer können sich larvierte Depressionen verbergen.

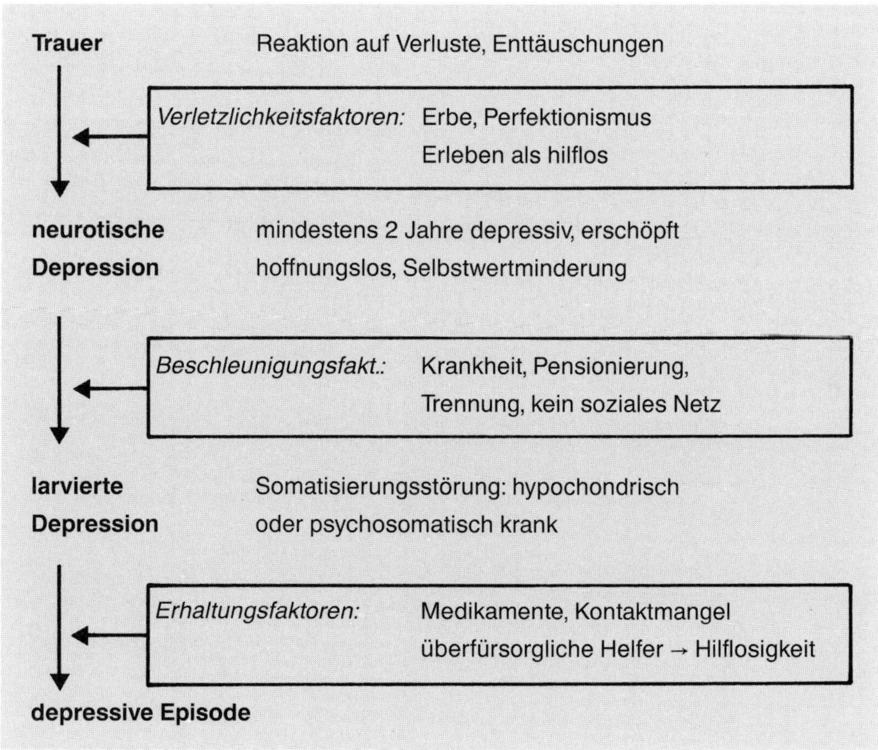

Abb. 4: Entwicklung der Depression aus unbewältigter Trauer

Aus einer larvierten Depression kann sich eine mittelschwere bis schwere depressive Episode mit somatischen Symptomen entwickeln, wenn depressionsfördernde Medikamente gegeben werden, der Kontaktmangel zunimmt und Pflegende dem Kranken wegen seiner körperlichen Beschwerden immer fürsorglicher helfen, so daß er immer hilfloser, d. h. immer depressiver wird. Diese mögliche Entwicklung faßt Abbildung 4 zusammen.

6. Auf welche Besonderheiten der Depressionen im Alter sollten Pflegende achten?

6.1. Depressive Syndrome im Alter

Depressive Syndrome im Alter sind mehrschichtig oder durchmischt (LUNGERSHAUSEN 1989). Die folgende Abbildung zeigt die Wechselwirkung von hirnorganischen, psychoreaktiven und endogenen Faktoren und die zunehmende Bedeutung der hirnorganischen Faktoren bei Hochbetagten:

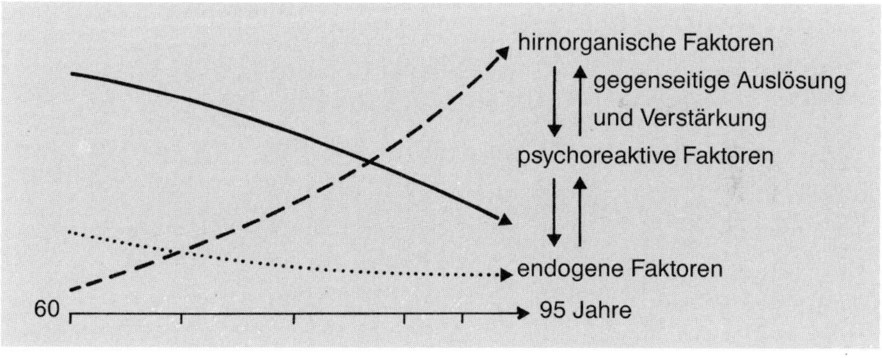

Abb. 5: Durchmischung der Depressionsformen im Alter

6.2. Unmittelbar auslösende Faktoren

Unmittelbar auslösende Faktoren sind vorwiegend Verlust- und Entfremdungserlebnisse:

— Verlust von Partner und Bezugspersonen bis zur Vereinsamung
— Verlust von Rolle, Status und Selbstwertgefühl
— Verlust von Einkommen bis zur Verarmung

— Verlust der gewohnten Umgebung bis zum Rückzug
— Verlust der Gesundheit bis zur Pflegebedürftigkeit
— Verlust bisheriger Kompetenzen bis zur Hilflosigkeit
— Verlust von Selbständigkeit bis zur totalen Abhängigkeit
— Verlust von Freiheit in Familie oder Heim
— Verlust von religiöser Bindung

Die Häufung von Verlusten trifft oft vorgeschädigte Menschen, die eine Aktualisierung alter Trennungen und Abschiede erleben.

6.3. Die Depressionssymptome sind oft unspezifisch

Die typischen Symptome wie Hemmung von Wahrnehmung, Denken, Fühlen und Antrieb werden von Älteren oft überspielt oder versteckt. Wenn sie ängstlich jammern und unruhig hin und her laufen, werden sie oft nicht als agitiert Depressive, sondern als Verwirrte ruhiggestellt. Oder wenn sie interesse- und antriebslos in der Ecke sitzen, werden sie als Demente verkannt. Ältere Depressive sind oft reizbar oder dauernd unzufrieden, weil sie von Schuld- und Versagensgefühlen gepeinigt werden. Wenn sie an ihrem strengen Gewissen und an ihren hohen Ansprüchen festhalten, schreiben sie jeden Mißerfolg eigenem Versagen zu bis zu einem schwer beeinflußbaren Schuldwahn.

6.4. Depressive im Alter neigen zur Somatisierung

Sie klagen vorwiegend über körperliche Beschwerden wie Druck oder Schmerzen in Kopf, Nacken, Rücken, Brust oder Bauch und gehen damit zu ihrem Hausarzt, der Verschleißerscheinungen findet und behandelt, oft ohne an Depression zu denken. Die Somatisierungsneigung Älterer hat viele Gründe. Sie ist kultur- und zeitabhängig, weil die Krankenrolle eines körperlich Kranken einen größeren Krankheitsgewinn als die Rolle eines psychisch Kranken in unserer Gesellschaft ermöglicht. Einige Depressive projizieren ihre Trauer, Aggression oder Schuldgefühle in den Körper, weil sie nicht gelernt haben, diese als negativ bewerteten Gefühle mit Worten zu äußern. Andere regredieren in körperliche Beschwerden im Sinne eines Rückzugs auf sich selbst. Andere Depressive glauben, in Identifikation mit dem verlorenen Partner an der gleichen tödlichen Krankheit wie der Verstorbene zu leiden. Wenn keine zu den Beschwerden passenden Befunde erhoben werden, werden diese Altersdepressiven als Hypochonder manchmal nicht mehr ernst genommen und abgewertet, so daß sie sich in einen Krankheits- oder nihilistischen Wahn (»Ich bin nichts mehr«) steigern können.

6.5. Verlauf der Depressionen im Alter

Depressive Syndrome im Alter verlaufen milder und abgeflachter als endogene Depressionen bei Jüngeren, aber chronischer und schwerer beeinflußbar, besonders bei leidvoller Biographie und bei Kombination mit anderen Problemen:

6.6. Probleme bei Depressionen im Alter

6.6.1. Multimorbidität

Multimorbidität und Depression verstärken sich gegenseitig. Multimorbidität nimmt im Alter zu. Über 70jährige werden mit durchschnittlich 6 bis 8 Diagnosen aus dem Krankenhaus entlassen, vergleiche die beiden folgenden Abbildungen:

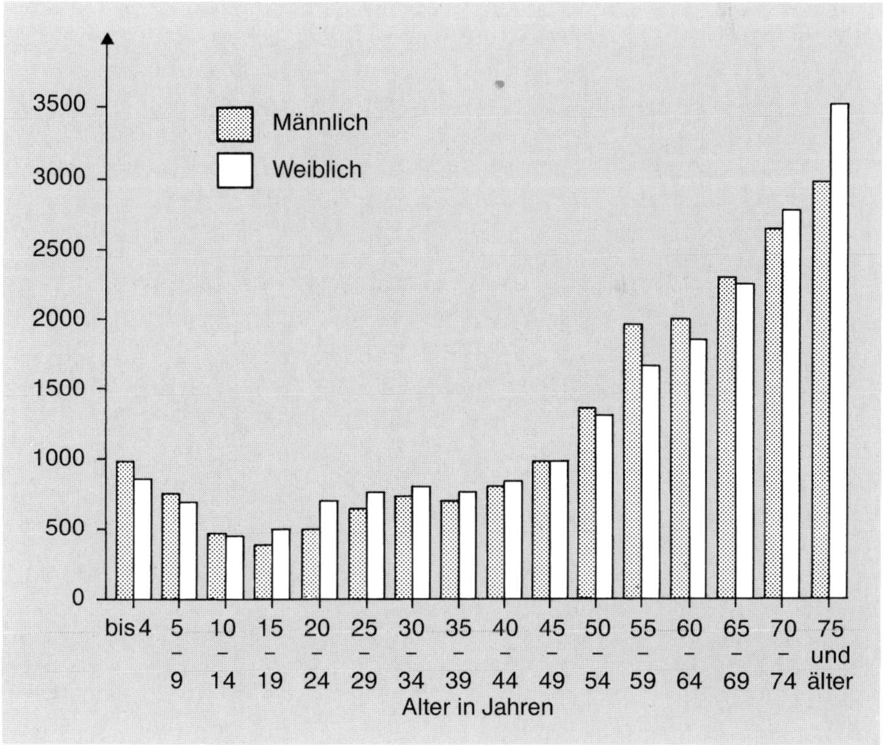

Abb. 6: Kranke 1989 nach Altersgruppen je 10 000 Einwohner im früheren Bundesgebiet, Statistisches Bundesamt: Ältere Menschen, Stuttgart, 1991, S. 71

Multimorbide Ältere sind chronisch Kranke mit folgenden Bedrohungen (nach COHEN und LAZARUS 1987):

1. des Lebens mit Todesangst,
2. der körperlichen Integrität und des Wohlbefindens,
3. des Selbstkonzepts und der Zukunftspläne,
4. aus der Notwendigkeit, Gefühle wie Angst, Ärger zu ertragen,
5. vertraute Rollen und Aktivitäten nicht mehr durchführen zu können,
6. aus dem Erfordernis, sich an eine neue Umgebung anzupassen.

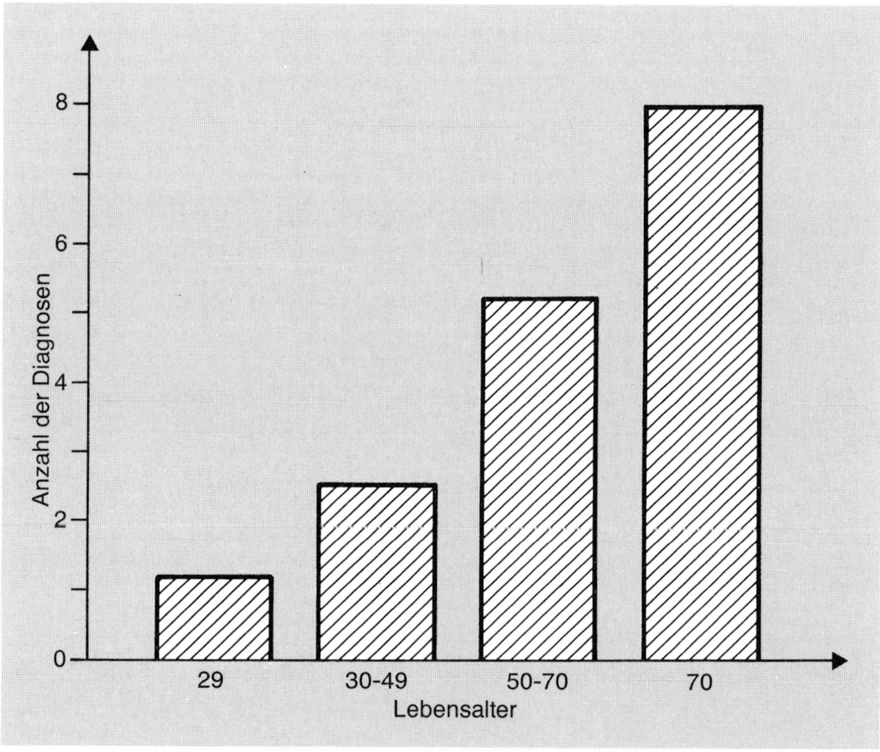

Abb. 7: Anstieg der Diagnosenzahl im Alter (nach FRANKE 1983): Körperlich Kranke sind 6mal häufiger psychisch gestört als gesunde Alte. Körperlich kranke Ältere mit Depression sterben eher als Kranke ohne Depressionen.

Multimorbide Ältere werden leicht zu Behinderten. Von den 13 Mill. über 60jährigen im alten Bundesgebiet waren 1989 3,3 Mill. schwerbehindert. Die Behinderungsarten zeigt Abbildung 8.

Bei körperlicher Behinderung, z. B. Geh-, Seh- oder Hörbehinderung nehmen die Selbsthilfemöglichkeiten ab, Abhängigkeit und Hilflosigkeit nehmen zu.

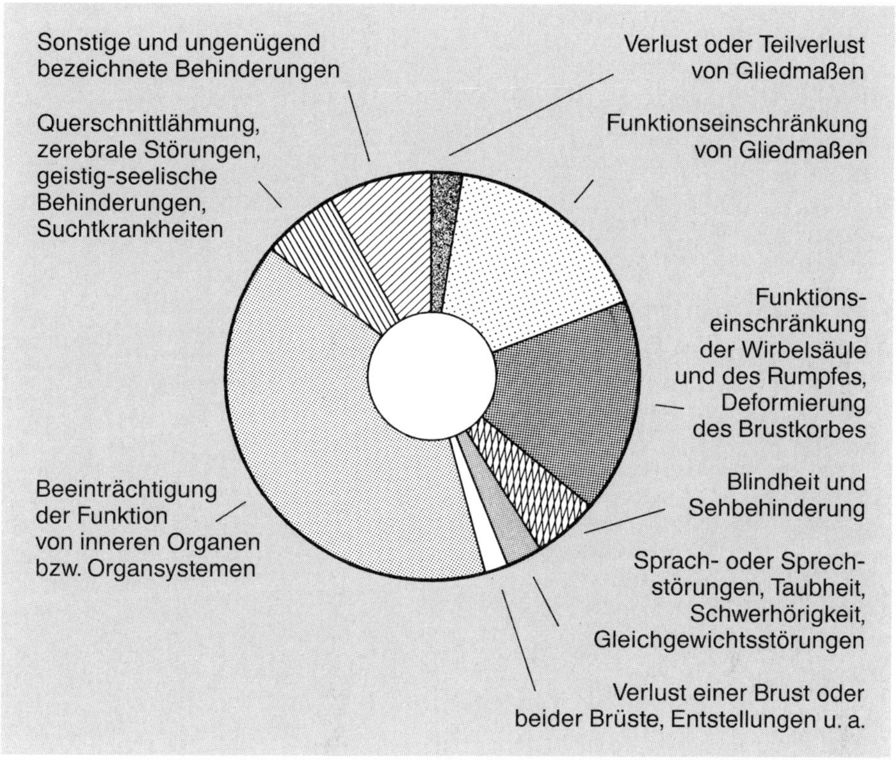

Abb. 8: Schwerbehinderte 60jährige und ältere 1989 nach Art der schwersten Behinderung, Statistisches Bundesamt: Im Blickpunkt: Ältere Menschen, 1991, S. 78

6.6.2. Schlechtes Hören und Sehen

Schlechtes Hören und Sehen engen die Wahrnehmung der Realität zusätzlich zur selektiv negativen Wahrnehmung des Depressiven ein und machen mißtrauisch bis zu paranoiden Verfolgungsideen, die aus einem Schuldwahn folgen können.

6.6.3. Normale Trauer

Normale Trauer, vorzeitiger Versagenszustand und besonders eine beginnende Demenz können anfangs schwierig von einer Depression abzugrenzen sein und deshalb dazu beitragen, daß die Depression im Alter chronisch wird.

6.6.4. Daseinstechniken

Daseinstechniken (Coping) und bisher wirksame, unbewußte Abwehrmechanismen schwinden, so daß Ältere nicht mehr so leicht kompensieren können wie früher und bei Problemen entscheidungsschwächer oder passiver werden als früher.

6.6.5. Die Zukunftsperspektiven

Die Zukunftsperspektiven vermindern sich, das Bewußtsein des bevorstehenden Sterbens wird unausweichlicher im Sinne einer vorwegnehmenden Trauer, die die Hoffnungslosigkeit des Depressiven verstärken kann.

6.6.6. Soziale Ressourcen erschöpfen sich

Soziale Ressourcen erschöpfen sich durch zunehmende Verluste von Bezugs- und Kontaktpersonen. Überfürsorgliche Angehörige machen nicht nur den Kranken hilfloser, sondern stressen sich selbst, bis sie erschöpft die Betreuung abgeben müssen. Andere Angehörige werden selbst immer hilfloser, weil der Depressive durch sein Nichtkönnen Macht ausüben kann, so daß pflegende Angehörige gefährdet sind, selbst depressiv zu werden.

6.6.7. Gesellschaftliche Vorurteile

Gesellschaftliche Vorurteile wie das immer noch verbreitete Defizitdenken, Erwartungen von Rückzug und Disengagement können das Selbstwertgefühl der Älteren zusätzlich herabsetzen, die in ihrer Biographie wenig Selbstbewußtsein aufbauen konnten.

6.6.8. Das Suizidrisiko

Das Suizidrisiko besonders älterer Männer erreicht mit 80 Jahren einen Gipfel, weil sich belastende Lebensereignisse häufen, das Selbstwertgefühl Älterer durch Abwertung gekränkt wird, das Beziehungssystem bis zur Vereinsamung schwindet und Sinnverlust den letzten Halt nimmt. Weil Pflegende und Ärzte Depressionen im Alter nicht früh genug erkennen und behandeln, steigt das Suizidrisiko.

6.6.9. Schlafstörungen

Schlafstörungen sind bei Älteren kein eindeutiger Hinweis auf Depression wie bei Jüngeren. Auch nichtdepressive Ältere schlafen weniger tief, wachen nachts häufiger auf und können schlecht wieder einschlafen. Das Schlafverhalten älterer Depressiver weicht nicht eindeutig von dem Gesunder ab, bei jüngeren Depressiven sind Ein-, Durchschlafstörungen und frühes morgendliches Erwachen charakteristisch. Ältere Depressive klagen über häufiges Wachwerden und frühes Aufwachen.

6.6.10. Chronische Schmerzen

Chronische Schmerzen ohne eindeutig nachweisbare körperliche Erkrankung deuten auf eine larvierte Depression hin, sind aber nicht immer Ausdruck einer Depression.

6.6.11. Alkoholiker

Fast alle **Alkoholiker** erscheinen depressiv, weil Alkohol den Überträgerstoffwechsel aus dem Gleichgewicht bringt und der soziale Streß durch die Umgebung zunimmt. Nach wenigen Tagen Abstinenz kehren die meisten Alkoholiker zu einer normalen Gemütslage zurück, d. h., alkoholbedingte Niedergeschlagenheit ist nicht notwendig eine Depression. Einige ältere Depressive benutzen Alkohol allerdings als Stimmungsaufheller und sind gefährdet, alkoholabhängig zu werden.

6.6.12. Sexuelle Interessen

Sexuelle Interessen schwinden um so mehr, je schwerer die Depression und je länger die Hospitalisierung ist. Bei ängstlich-depressiven Älteren können Erektions- und Orgasmusstörungen auftreten. Schuldgefühle, z. B. wegen Selbstbefriedigung, finden sich oft bei Altersdepressiven.

Altern ist kein depressiver Prozeß, auch wenn die körperlichen Faktoren — wie sie bei den somatogenen Depressionen oben beschrieben wurden — zunehmen und Überträgerstoffe im Gehirn abnehmen. Nicht die Zahl belastender Lebensereignisse oder der Verluste, nicht die Zahl körperlicher Leiden (Multimorbidität), nicht die fehlenden

$$\frac{\text{subjektive Bewertung von Verlusten} \times \text{Versagensangst} + \text{Einsamkeit}}{\text{Fähigkeit, Trauer zu bewältigen, sich zu verändern, Sinnorientierung}} = \text{Depression}$$

Abb. 9: Depression als Ergebnis von Bewertung und Kompetenz

Ressourcen oder Einsamkeit oder die gesellschaftlichen Vorurteile lösen zwangsläufig eine Depression aus, sondern wie der Alternde seine Verluste subjektiv bewertet, ob er gelernt hat, Trauer zu bewältigen, sich zu verändern und sich an einem Sinn zu orientieren. Je höher die Fähigkeit, flexibel zu bleiben, sinn- und zukunftsorientiert Einbußen zu bewältigen, um so geringer ist die Wahrscheinlichkeit, im Alter depressiv zu werden.

Eine 78jährige hatte 5 Jahre ihren dementen Ehemann gepflegt. Nach seinem Tode fuhr sie nach Rußland, um die Gräber ihrer beiden Söhne zu suchen. Das ihres Lieblingssohnes fand sie nicht. Nach 3 Monaten kehrte sie erschöpft zurück. Unterdes war ihre letzte Freundin verstorben, der Vermieter machte Eigenbedarf für die Wohnung geltend. Sie fand ein Appartement in einem anderen Stadtteil. Es war alles fremd für sie, sie verlor aber nicht die Orientierung. Als ihre neue peinlichsaubere Vermieterin sie auf den Geruch bei ihrer Streßinkontinenz aufmerksam machte, zog sie sich zurück, ging nicht mehr einkaufen, verwahrloste, saß zunächst nur noch vor dem Fernseher, bis sie auch das nicht mehr interessierte. Der neue Hausarzt hielt sie für multimorbid und verordnete ihr 5 verschiedene Medikamente für ihre zahlreichen Beschwerden. Als ihre Vermieterin in Urlaub war, häuften sich vor ihrer Tür die Zeitungen. Sie wurde nach 2 Wochen abgemagert tot vor ihrem Bett gefunden. Niemand ging mit zu ihrer Beerdigung.

7. Welche Entstehungsbedingungen der Depression sollten Pflegende kennen, um Altersdepressive besser zu verstehen?

7.1. Individuelle Bedingungen

7.1.1. Körperliche Faktoren:

— **Erbfaktoren** beeinflussen vor allem bipolare affektive Störungen noch im Alter, wenn sie früher schon aufgetreten sind.

— **Hirnorganische Faktoren** sind depressionsfördernd bei Alzheimer, Multi-Infarkt-Demenz, Parkinson, Chorea Huntington, Epilepsie, MS, Hirntumoren und anderen Hirnerkrankungen infolge einer Störung des Überträgerstoffwechsels.

— **Symptomatische Begleitdepressionen** bei inneren Leiden von Leber, Niere, Herz und Kreislauf und Hormonstörungen wurden oben beschrieben (S. 18).

— **Pharmakogene Depressionen** durch Arzneimittelneben- oder Wechselwirkungen sind auch oben erläutert (S. 22).

7.1.2. Psychische Faktoren:

Folgende fünf Erklärungsversuche werden diskutiert:

1. Streß durch belastende Lebensereignisse
2. lerntheoretischer Ansatz
3. kognitiv orientierter Ansatz
4. tiefenpsychologischer Ansatz
5. sinnorientierter Ansatz

Diese Einflußfaktoren sind von der Biographie des Kranken und von der sozialen Umwelt abhängig, d. h., wie hat er sich bisher mit Belastungen und Anforderungen auseinandergesetzt? Welche Fertigkeiten oder Ressourcen konnte er einsetzen oder welche fehlten ihm? Wurde er dabei von seiner Umwelt unterstützt?

1. **Kritische Lebensereignisse** in der Biographie können die Persönlichkeit des Alternden so vorgeschädigt haben, daß er auf weitere Verluste verletzbarer reagiert. Wenn kritische Lebensereignisse sich häufen und als bedrohlich bewertet werden, wirken sie als Dauerstreß, der bis zur Erschöpfung in die Depression führt. Bei älteren Depressiven häuften sich im Jahr vorher belastende Lebensereignisse (MURPHY 1989). Die Cortisonerhöhung im Dauerstreß kann die Entstehung der Depression erklären helfen. Da nicht jeder auf gehäufte Verluste depressiv reagiert, sollten Pflegende klären, wie der Alternde in seiner

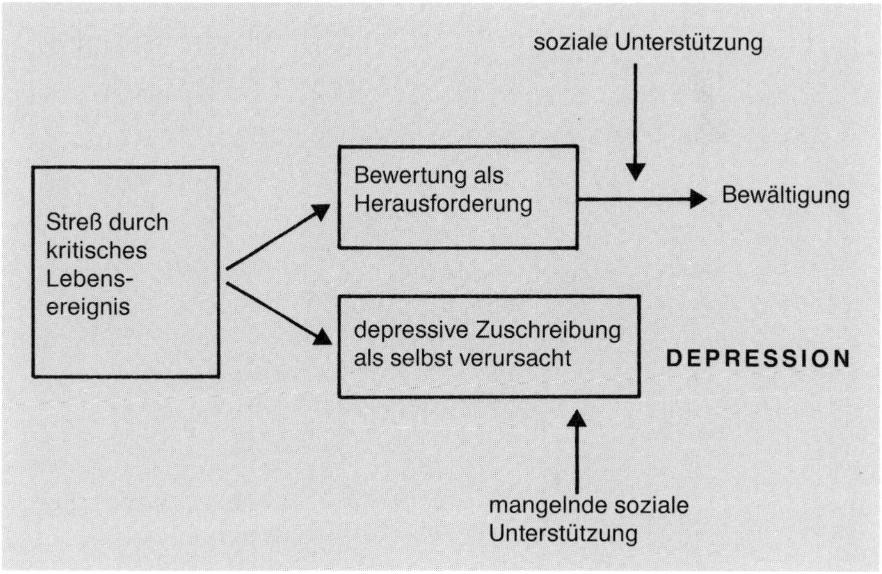

Abb. 10: Reaktionsmöglichkeiten auf kritische Lebensereignisse

Biographie bisher belastende Ereignisse bewertete, wie er sie bewältigte und wieweit er dabei von seinen Kontaktpersonen unterstützt wurde.

2. **Lerntheoretisch** wird die Entstehung der Depression durch Mangel an Verstärkung erklärt. Depressive suchen nach Hilfe, bleiben aber passiv, ergreifen keine Initiative, weil z. B. überfürsorglich Pflegende den Kranken immer abhängiger machen, weil sie seine Tätigkeiten wenig beachten, d. h. verstärken und weil der Kranke positive Verstärker selten wahrnimmt. Wenn der Alternde z. B. im Heim oder bei Bettlägerigkeit zu Hause nur wenige Verstärker und vor allem nicht genügend soziale Kompetenz, die verstärkt werden könnte, zur Verfügung hat, reicht die Verstärkung nicht mehr, um ihn vor einer Depression zu schützen. Wenn beim Mangel an positiven Verstärkern negative Verstärker zunehmen, z. B. Erleben von Versagen oder Ablehnung durch andere oder Seh-, Hör- und Bewegungsbehinderung, so wird verständlich, wie ein Alternder depressiv wird.

3. Nach dem **kognitiv orientierten Ansatz** werden Menschen depressiv, weil sie Situationen verzerrt wahrnehmen und interpretieren. Beck (1976) faßt die Einseitigkeit des Depressiven als kognitive Triade zusammen: Der Depressive

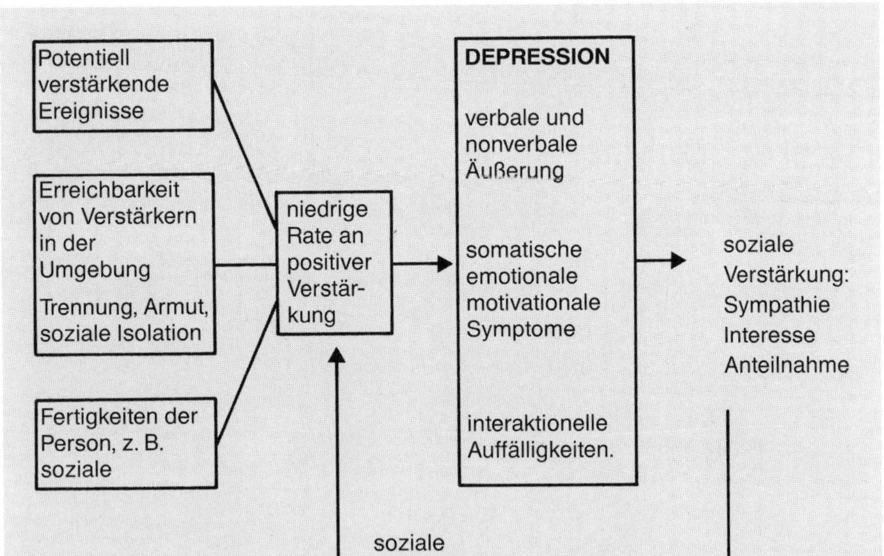

Abb. 11: Verstärkerverlustmodell nach Lewinsohn (1974)

a) ist überzeugt, er sei nicht fähig, die Situation zu verändern. Mißerfolge schreibt er sich selbst, Erfolge dem Zufall zu.
b) nimmt auswählend von der Umwelt nur die negativen Merkmale oder Ereignisse wahr, die positiven übersieht er. Einmalige negative Erfahrungen verallgemeinert er.
c) in der Zukunft erwartet oder befürchtet er Negatives. Die Zukunft sei schicksalhaft, deshalb plant er nicht.

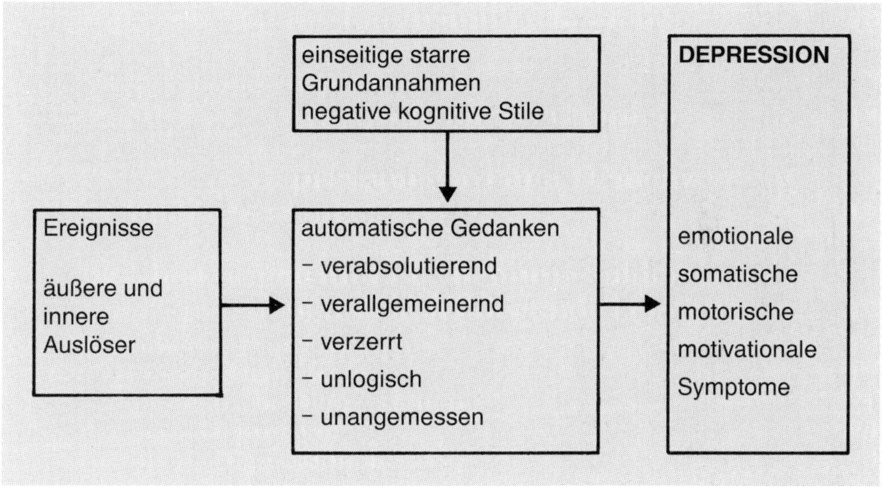

Abb. 12: Kognitives Depressionsmodell nach Beck (1974)

Kognitive Triade und negative Selbstwahrnehmung, -bewertung und -verstärkung werden in der Biographie gelernt. Der Depressive nimmt an sich selbst nur das Negative wahr, bewertet seine Leistung negativ, entwertet sich, weil sein Anspruchsniveau überhöht ist. Er übersieht die positiven Rückmeldungen und neigt dazu, sich zu bestrafen. Seligman verbindet den kognitiven Ansatz mit dem lerntheoretischen in seinem Modell der erlernten Hilflosigkeit. Der Depressive ist überzeugt, selbst in einer Situation nichts mehr kontrollieren oder ändern zu können und erwartet Mißerfolge. Ältere können Hilflosigkeit erlernen, wenn sie körperlich beeinträchtigt sind, sich durch Rollenverlust als weniger kompetent erleben und wenn Pflegende ihnen nichts mehr zumuten, sie überfürsorglich bemuttern und ihnen sogar Aktivitäten des täglichen Lebens abnehmen, weil es schneller gehe. Alternde werden auch bei körperlicher Behinderung und Pflegebedürftigkeit nicht zwangsläufig depressiv, wenn sie in ihrer Biographie früh genug Kompensationsmöglichkeiten gelernt haben.

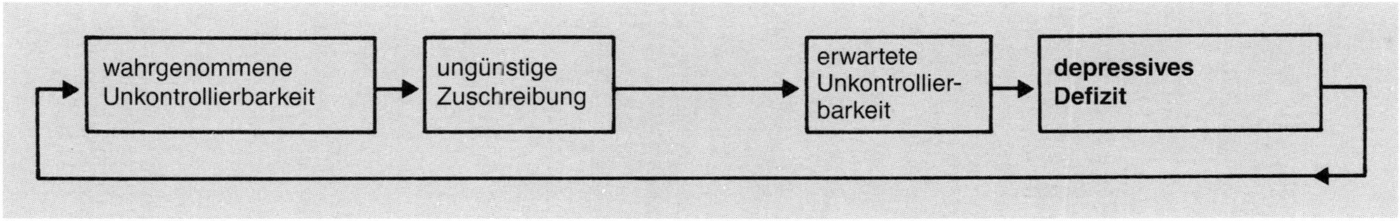

Abb. 13: Teufelskreis von Zuschreibung und Unkontrollierbarkeit

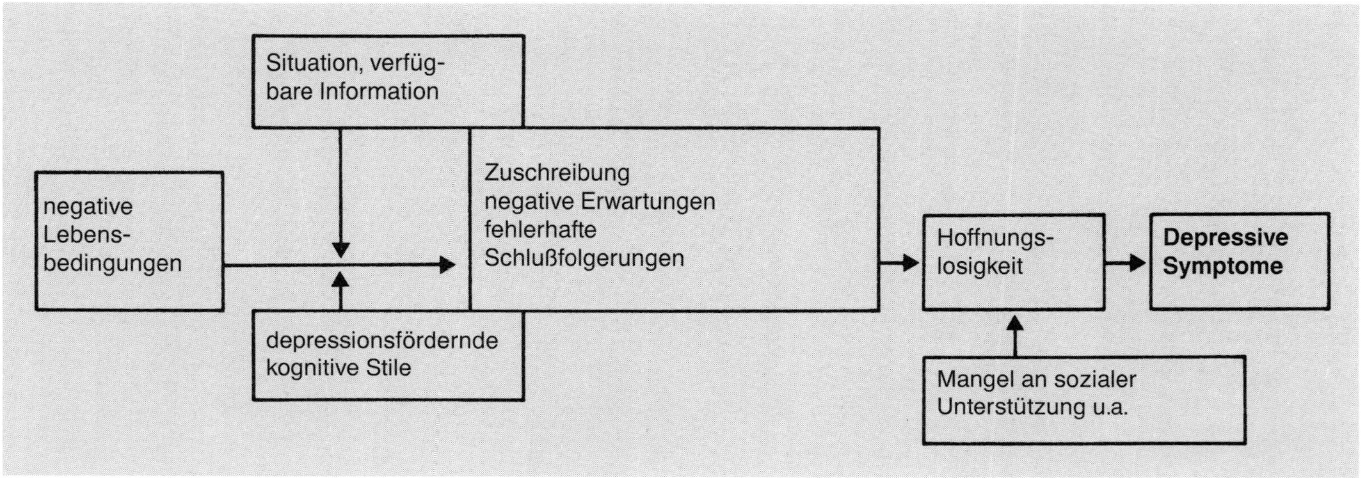

Abb. 14: Hoffnungslosigkeit als Depressionsmodell nach Alloy (1989)

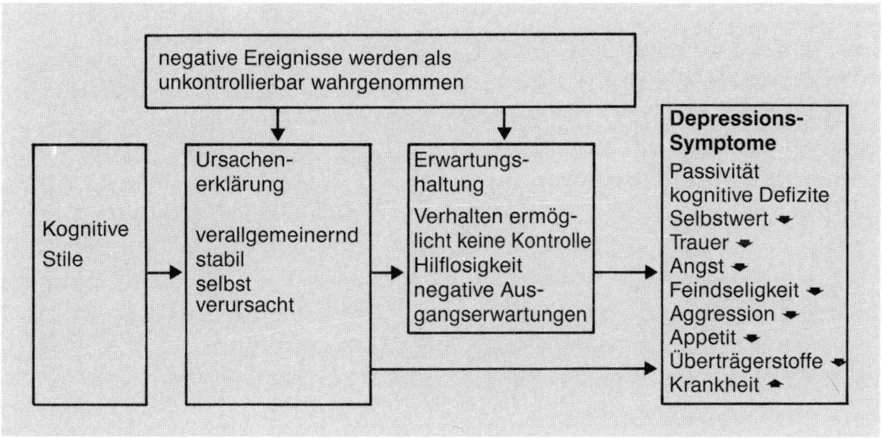

Abb. 15: Erlernte Hilflosigkeit nach ABROMSON, SELIGMAN und TEASDALE (1978)

Das Modell der Unkontrollierbarkeit wird von ALLOY (1989) auf die Depression durch Hoffnungslosigkeit eingegrenzt.

Das folgende Schema versucht, die bisherigen Ansätze zu verbinden.

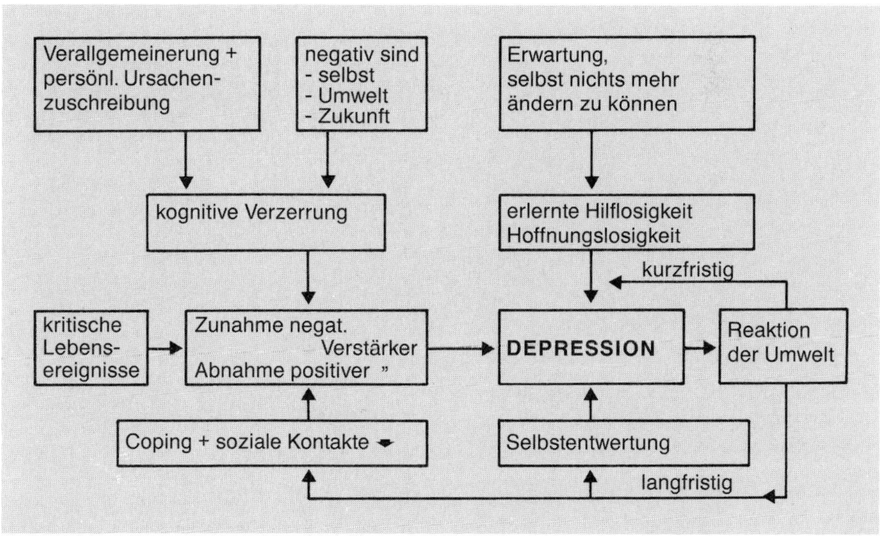

Abb. 16: Psychologische Erklärung der Depressionsentstehung

Ein multifaktorielles Depressionsmodell wird als ein sich verstärkender Teufelskreis von HAUTZINGER und LEWINSOHN (1985) beschrieben.

A: Vorausgehende Bedingungen können kritische Lebensereignisse, persönliche Schwierigkeiten, Mangel an positiven Erfahrungen, Verluste und belastende Veränderungen sein.

B: Automatisiertes Verhalten wird durch die belastenden Bedingungen (A) unterbrochen, so daß negative Gefühlsreaktionen folgen und Gedächtnisinhalte zugänglich werden, die ohne diese emotionale Tönung nicht erinnert würden.

C: Die Selbstaufmerksamkeit nimmt zu und rückt die aktuelle Lage in den Mittelpunkt (Focus).

D: Widersprüche (Diskrepanzen) zwischen Anspruch und Verhalten werden wahrgenommen, Selbstzweifel nehmen zu, weitere Fehler werden gefunden, positive Erfahrungen nehmen ab.

E: Die Person fühlt sich verunsichert, ängstlich, niedergeschlagen (dysphorische Stimmung).

F: Depression mit typischen Symptomen folgt.

G: Chronischer Streß, persönliche Bedingungen, Vorschädigungen (Prädispositionen) und Verletzlichkeit (Vulnerabilität) sind Risikofaktoren, Ressourcen und Immunitäten können auch vor Depressionen schützen.

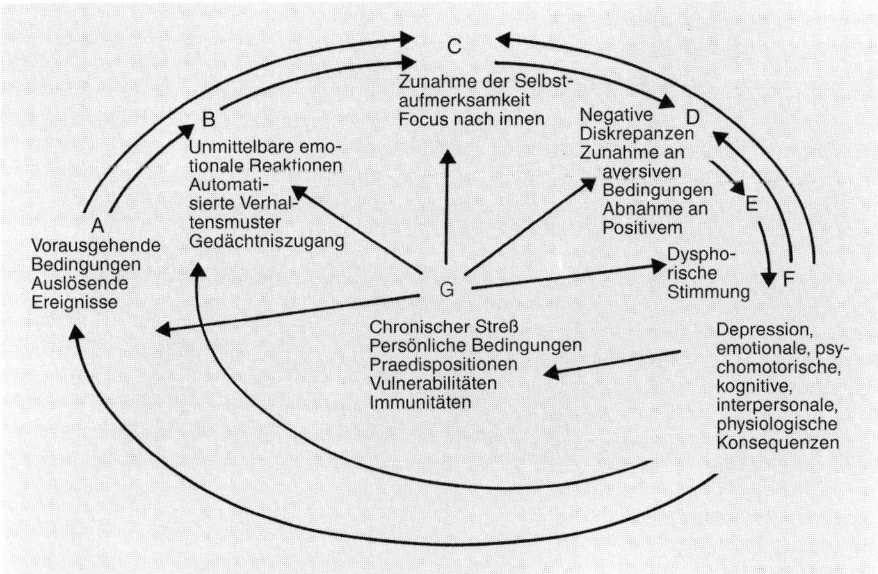

Abb. 17: Multifaktorielles Depressionsmodell nach HAUTZINGER und LEWINSOHN (1985)

Hautzinger (1991) beschreibt Beispiele von Teufelskreisen:

F-A: Eine Person, die sich zurückzieht, viel klagt, nicht zurecht kommt, produziert selbst depressionsfördernde Bedingungen, indem Spannungen in den Beziehungen und Mißerfolge erst durch die Depression auftreten.

F-B: Die depressiven Veränderungen unterbrechen automatisierte Handlungsabläufe und aktivieren negative Gedächtnisinhalte.

F-C: Depressive Beschwerden erhöhen die Selbstaufmerksamkeit, rükken eigenes Befinden und Leistungsfähigkeit in den Mittelpunkt, so daß der Depressive Widersprüche wahrnimmt und seine Stimmung verschlechtert.

F-D: Da sich der Depressive zurückzieht, werden positive Umweltrückmeldungen seltener.

F-G: Depressive Symptome verstärken die vorhandenen Risikofaktoren wie z. B. Abhängigkeit und negative Grundüberzeugung.

4. **Tiefenpsychologischer Ansatz**

Tiefenpsychologisch wurde Depression zunächst als orale Fixierung oder Regression erklärt. Wenn Ältere zu kindlichen Bedürfnissen zurückkehren, sich anklammern, Verwöhnung oder Hilfe suchen, regredieren sie in Teilbereichen und nur vorübergehend, ohne auffällig zu werden. Erst wenn Ältere äußere und innere Belastungen nicht mehr bewältigen können, brauchen sie eine Regression im Dienste des Ichs, die nicht als Depression fehlgedeutet werden darf, auch wenn die Regression eine Depression verstärken kann. Meines Erachtens sind das tyrannische Gewissen, das anerzogene sadistische Überich, der Perfektionismus oder die überhöhten Vollkommenheitsansprüche an sich selbst ein wesentlicher Grund für die ständige Kränkung des Selbstwertgefühls besonders Älterer, die immer weniger perfekt sein können. Nach Beck führt die Tyrannei des »Ich sollte«, »Ich müßte eigentlich«, »Ich darf doch nicht ...« zu realitätsverzerrenden Gedanken und depressiven Gefühlen. Diese Riesenansprüche erklären, warum so viele Jüngere in sozialen Berufen ausbrennen und depressiv werden, weil sie in unserer Leistungsgesellschaft ständig dazu angehalten werden, tüchtiger und kompetenter als andere sein zu müssen, als vollkommene Pflegende oder Helfer alles verstehen oder jedes Problem rasch und perfekt lösen zu müssen, jede Strapaze gelassen ertragen zu sollen, sich immer selbstlos aufopfern und eigene Gefühle immer beherrschen zu müssen. Da mit zunehmendem Alter derartige Forderungen immer weniger erfüllbar werden, kann das Selbstwertgefühl immer mehr gekränkt werden, was nicht nur zur Selbstentwertung, sondern zur Wut oder Aggression gegen sich selbst, zur Autoaggression führt.

Weil Depressive sich selbst nicht lieben, können sie ihr strenges Gewissen nicht relativieren oder beruhigen, deshalb werten sie sich ab und werden zwanghaft perfektionistisch mit Riesenansprüchen und bezichtigen sie sich selbst bis zum Schuldwahn. Weil sie innerlich leer (narzißtisch entleert, nach BATTEGAY) fühlen, brauchen sie die Gegenwart anderer, klammern sie sich an aus Trennungsängsten, scheuen sie aber auch intensive Beziehungen, weil sie in der Symbiose sich und den Patner zu verlieren fürchten. BATTEGAY (1985) deutet die Manie als Abwehr der narzißtischen Entleerung durch Überkompensation.
Weil Depressive sich selbst nicht lieben, können sie auch andere nicht lieben. Weil sie nicht lieben können, sind sie verdeckt aggressiv gegen sich selbst, bis sie sich selbst und manchmal den in sich einverleibten Partner im Suizid zu vernichten versuchen.

Die Entwicklung einer depressiven Haltung ist nach ERIKSON mit den psychosozialen Krisen der ersten Jahre verknüpft. Aus mangelndem Urvertrauen scheut der Depressive intime Beziehungen, aus mangelnder Autonomie und Initiative scheut er selbstbestimmte Entscheidungen und neigt er zu Schuldgefühlen.

5. **Sinnorientierte Ansätze:** Wer als Alternder in der Zukunft keine Ziele, keinen Sinn mehr sieht, weil er keine Aufgaben mehr zu erfüllen hat, und keine Hoffnung mehr aufbringt, weil er jede Situation als schicksalhaft, d. h. von ihm selbst nicht zu verändern und nicht zu kontrollieren erlebt, neigt zu depressiven Verstimmungen. Erlebte Unveränderbarkeit und Depression hängen eng zusammen (FISSENI 1985). Wenn individuelles Potential z. B. in einem Hobby und soziales Potential (z. B. eine von der Umwelt anerkannte und genutzte Aufgabe) im Alter nicht mehr übereinstimmen, werden Alternde unzufrieden und geraten aus dem psychischen Gleichgewicht, was zur Depression beitragen kann (RILEY & RILEY 1992). Angehörige der untersten sozialen Schichten neigten dazu, auf Anforderungen im Alltag niedergeschlagen zu reagieren, weil sie sich als eingeschränkt erlebten, z. B. gesundheitliche Belastungen zu kompensieren und ihre Einstellung zu verändern (KRUSE 1991). Kompensation und Einstellungsänderung gelingen nur, wenn die Situation dazu Anreize bietet. Kruse betont, daß ein Älterer ein selbständiges, aufgabenbezogenes und sinnerfülltes Leben nicht ausschließlich mit persönlichen Fähigkeiten aufrechterhalten kann, sondern nur wenn auch die soziale Umwelt ihn dazu anregt und ermutigt. Nach meiner Erfahrung werden Ältere eher depressiv, wenn sie sich nicht mehr religiös orientieren.

7.2. Interaktionelle Bedingungen

In der Kommunikation kann ein Depressiver seine(n) Partner(in) oder die Pflegenden anstecken. Depressive als Sender teilen verbal eine Botschaft z. B. folgenden Inhaltes mit: »Ich bin so niedergeschlagen, so hilflos und mutlos.« Non-verbal drücken sie mit Blick, Gesten oder Stimmlage die Beziehung aus: z. B. »Du bist meine einzige Hoffnung«, einen Appell, z. B. »Hilf mir!« und die Selbstoffenbarung, z. B. »Ich bin so verzweifelt (und wütend).« Der nichtdepressive Empfänger, z. B. der Pflegende, reagiert zunächst mit Mitleid: »Der Arme«, später sagt sich der Pflegende: »Er überfordert mich, weil er sich so anklammert und ich so wenig Zeit habe, er frustiert mich, weil er mich nicht einmal ansieht, er macht mich hilflos, weil er alle Vorschläge mit ›ja, aber . . .‹ beantwortet und er macht mich aggressiv, weil seine Stimme anklagend klingt. Aber ich darf ja nicht aggressiv werden, denn er ist ja krank.« Die Pflegenden wagen es nicht, ihre Aggression auszusprechen, sie können oft mit niemand darüber sprechen, schlucken sie und richten schließlich wie der Depressive ihre Aggression gegen sich selbst. Der Depressive übt mit seiner Hilflosigkeit Macht über die Pflegenden aus, d. h., er macht sie hilflos und aggressiv gegen sich selbst, er macht Pflegende depressiv, er steckt sie an.

Folgende Abbildung versucht, die depressive Ansteckung in der Kommunikation zu verdeutlichen.

Depr. Sender	**Botschaft**	**nicht-depressiver Empfänger**
verbal	Sachinhalt „Ich bin hilflos"	Mitleid: „Der Arme"
Non-verbal – kein Blickkontakt – anklammernd – schlaff, gebeugt – jammernd anklagend	Beziehung „Du bist meine einzige Hoffnung" Appel: „hilf mir!" Selbstoffenbarung („Ich bin wütend")	„er überfordert mich, klammert sich an, hab' doch keine Zeit" „er frustriert mich, macht mich hilflos mit seinem Ja, aber.." „er macht mich aggressiv, knirsch: er ist ja krank"

Abb. 18: Ansteckung der Depression in der Kommunikation

Ein ähnlicher Teufelskreis spielt sich immer wieder zwischen der Familie und dem Depressiven ab.

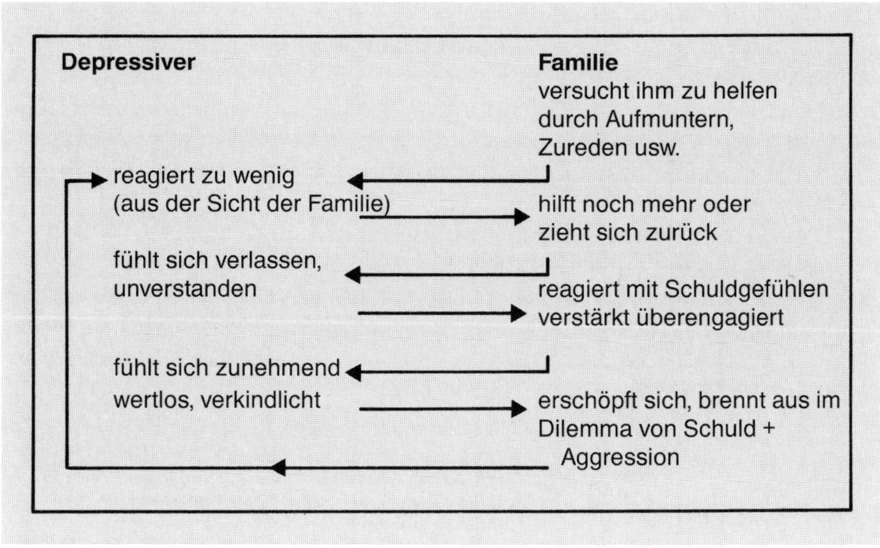

Abb. 19: Interaktion zwischen Depressivem und seiner Familie

Folgende Tabelle stellt Mißverständnisse und Ansteckung der Depression in der Familie zusammen.

Tabelle 10: Depressive Mißverständnisse und Ansteckung in der Familie

Depressiver	**Angehörige**
1. Mißverständnisse	
antriebsarm, hypochondrisch	faul, organisch ernsthaft krank
gefühllos, verzweifelt	gefühlskalt, überbeansprucht
droht mit Suizid	nicht ernst zu nehmen
2. Ansteckung	
abhängig, anklammernd, appelliert	gestreßt, überfordert
ignoriert Ratschläge	frustriert, hilflos
anklagend, fordernd	aggressiv, Schuldgefühle
unerreichbar	verunsichert, ohnmächtig
ohnmächtig, hilflos, erschöpft	mächtig, überbesorgt
hoffnungslos	Angst vor eigener Depression
distanziert	Rückzug
entwertet sich	fühlt sich überlegen

Die Verstärkung der Depression im Teufelskreis der Interaktion des Depressiven mit seinem nichtdepressiven Partner stellt folgende Abbildung dar:

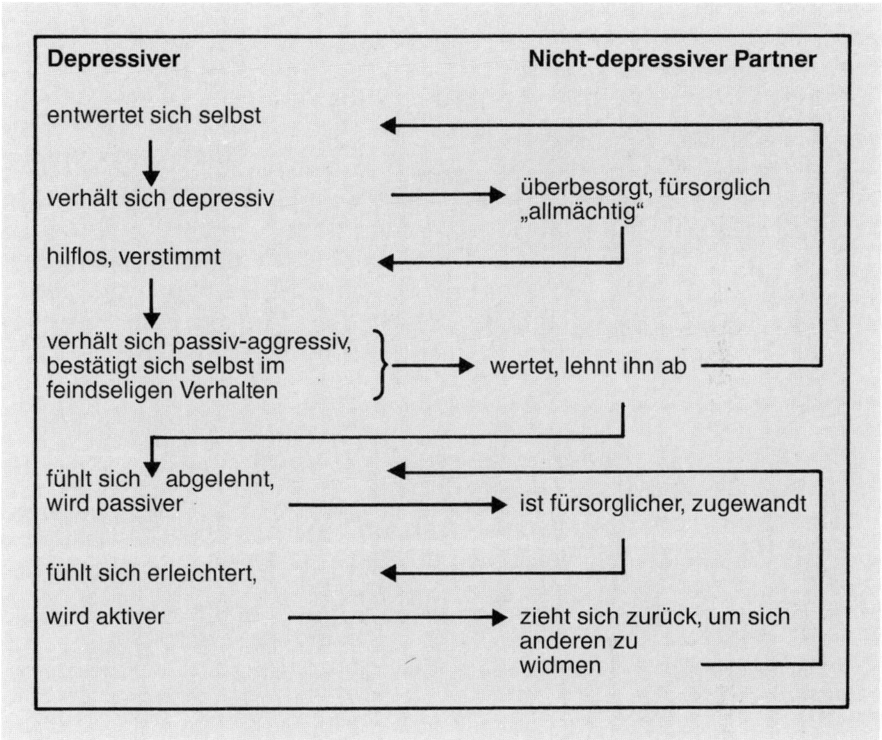

Abb. 20: Teufelskreis in der Interaktion mit Nichtdepressiven

Andere depressionsfördernde Faktoren der Familie:

— Eine **gestörte Kindheit** und ein früher Verlust des gegengeschlechtlichen Elternteils kann auch zurDepression im Alter durch Aktualisierung alter familiärer Konflikte noch beitragen, wie die Erfahrung in der Biographie, im System Familie immer wieder zum Sündenbock erklärt worden zu sein. Wer als Kind gelernt hat, Schuld auf sich zu nehmen, kann sich noch im Alter für alle familiären Probleme verantwortlich fühlen und zur Depression neigen. Die oben beschriebenen Lernbedingungen einer Depression beginnen fast immer in der Familienbiographie.

— **Eine symbiotisch polarisierte Paarbeziehung** im Sinne der oralen Kollusion nach Willi kann nach der Pensionierung zur Depression eines Partners führen, wenn die bisher zu Hause progressive Frau in die regressive Rolle gedrängt wird oder vom bisher beruflich progressiven Mann die regressive Rolle des Pfleglings erwartet wird, damit seine Frau ihre mütterliche Rolle behalten kann. Bei einer symbiotischen Paarbeziehung werden im Alter Verwitwung, Trennung oder Scheidung als bedrohlich erlebt und lösen oft eine Depression aus, wenn der verlassene Partner vom anderen bemuttert und dadurch hilflos gemacht wurde und wenn er in seiner Biographie nicht gelernt hat, Trauer zu bewältigen.

— **Eine in der Pflege überlastete Angehörige,** zu 50 Prozent die Tochter, trägt zur Depression des pflegebedürftigen Elternteils um so mehr bei, je überfürsorglicher sie pflegt, weil sie dadurch den Pflegebedürftigen immer abhängiger und hilfloser macht, um eigene Schuld- und Versagensgefühle zu besänftigen. Manche 50- bis 60jährige Frau braucht einen Hilfebedürftigen in der Familie, um sich selbst als gute Mutter zu bestätigen und so das bisherige familiäre Gleichgewicht zu erhalten.

Die folgende Abbildung zeigt die erhöhte Sterblichkeitsrate nach Partnerverlust gegenüber Verheirateten.

Wie in der Familie kann die Interaktion zwischen nichtdepressivem Pflegenden und dem Depressiven die Depression verstärken.

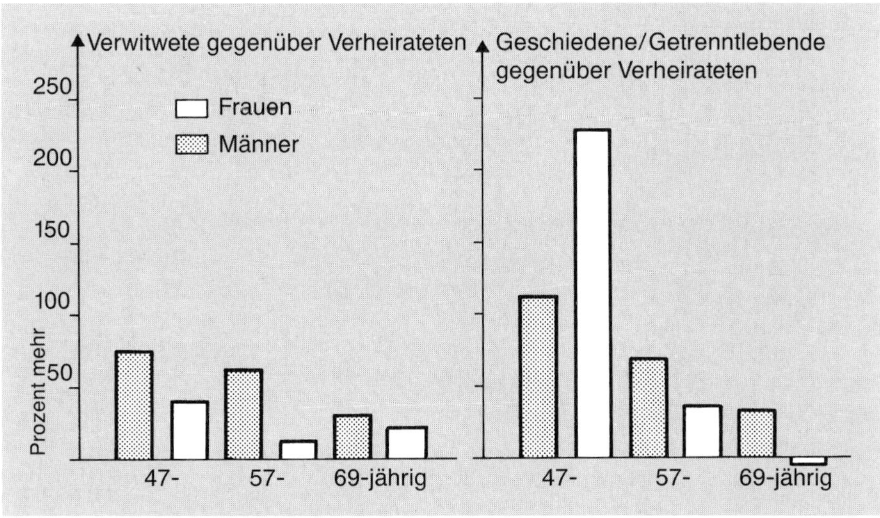

Abb. 21: Erhöhte Sterblichkeitsrate Verwitweter, Geschiedener und Getrenntlebender gegenüber Verheirateten nach Argyle (1986, S. 25)

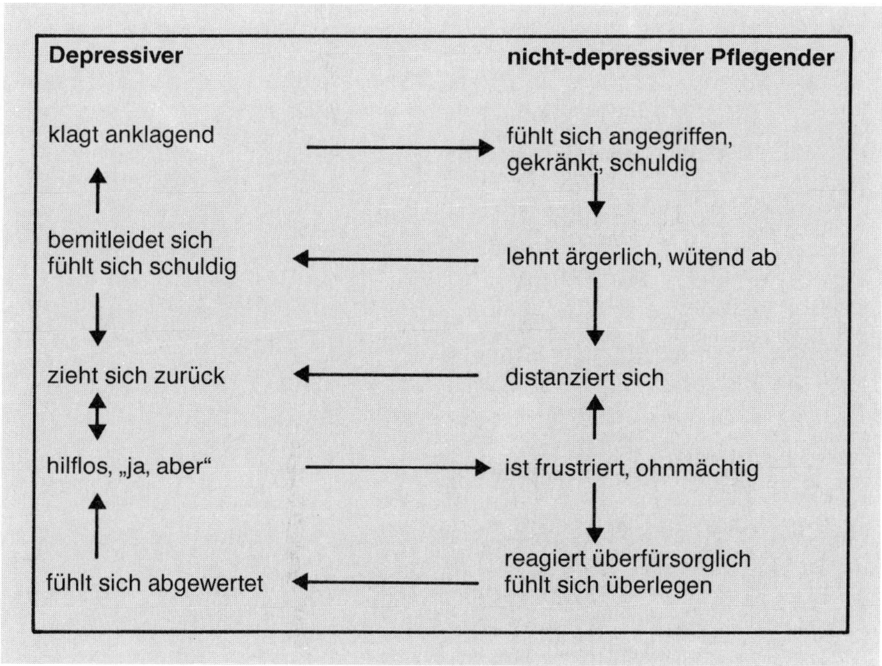

Abb. 22: Verstärkung der Depression in der Interaktion mit dem Pflegenden

7.3. Institutionell bedingte oder »veranstaltete« Depressionen

Länger hospitalisierte Kranke und Heimbewohner können durch strukturelle Bedingungen von Krankenhaus oder Heim in ihrer Depressionsneigung verstärkt werden. 38 Prozent der Heimbewohner sind depressiv (Morgan 1984).

Heimbewohner und Krankenhausdauerpatienten

- verlieren Ressourcen und Verstärker wie Privatheit, Selbstbestimmung, Anerkennung, Kontakte und soziale Kompetenzen, weil erwünschtes Verhalten kaum beachtet und Durchsetzungswünsche oft von Pflegenden sanktioniert werden,
- erwarten, nichts mehr durch eigenes Handeln verändern oder kontrollieren zu können,
- werden hilflos durch überfürsorglich bemutternde Pflege, durch medikamentöse Ruhigstellung und durch Zwang zur Langeweile,
- werden hoffnungslos in der Aussicht, das Heim nur noch als Verstorbener zu verlassen.

7.4. Soziale Entstehungsfaktoren

— Die zunehmende **Vergreisung** — im Jahr 2000 wird ¼ der Gesamtbevölkerung über 60 sein — trägt zur steigenden Zahl von Depressiven im Alter bei.

— Die **Vereinzelung** erklärt, warum alte Menschen depressiv werden können. Von den 11,8 Mill. über 65jährigen in Deutschland leben 3,9 Mill. im Einpersonenhaushalt. Fast jede 2. alte Frau lebt allein, aber nur jeder 7. alte Mann. 6 von 7 Einpersonenhaushalten führt eine Frau. Von den Alleinlebenden konnten 42 Prozent der Frauen und 32 Prozent der Männer niemanden angeben, den sie in Not anrufen könnten (nach GARAMS-HOMOLOVA, persönl. Mitteilung KDA).

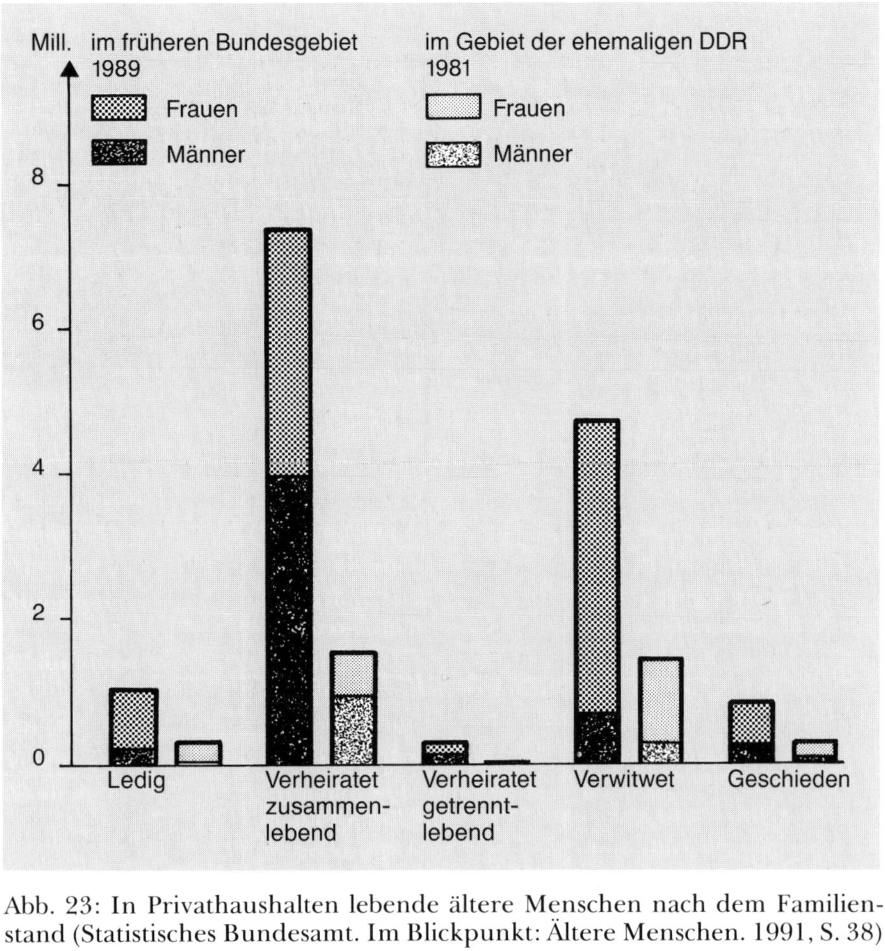

Abb. 23: In Privathaushalten lebende ältere Menschen nach dem Familienstand (Statistisches Bundesamt. Im Blickpunkt: Ältere Menschen. 1991, S. 38)

Abbildung 23 zeigt die Verwitwung als Hauptgrund des Alleinlebens.

Die soziale Isolation im Alter ist einer der bedeutendsten Faktoren für die Entstehung psychischer Erkrankungen. Der Anteil der psychisch Alterskranken an denen, die sich einsam fühlen, beträgt 45 Prozent

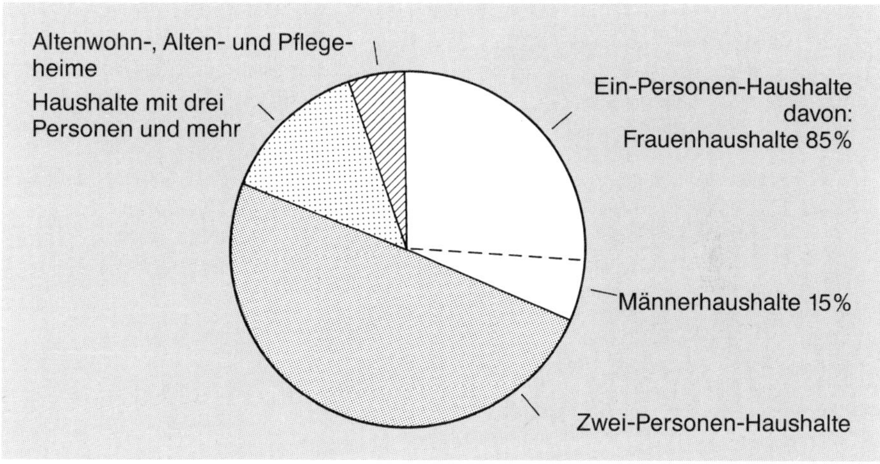

Abb. 24: Haushaltsformen älterer Menschen im früheren Bundesgebiet 1989 (Statistisches Bundesamt. Im Blickpunkt: Ältere Menschen. 1991, S. 34)

und an denen, die sich nicht einsam fühlen, nur 11 Prozent. Die folgenden Abbildungen von Argyle (1986) zeigen die Zusammenhänge von Einsamkeit und psychischer Erkrankung und Suizid und den Anstieg der Sterblichkeit im Alter bei geringer sozialer Einbindung.

Die soziale Isolation im Alter ist nicht nur ökonomisch als Einpersonenhaushalt, sondern interaktionell als Kontaktmangel und sozialpsychologisch als Entfremdung von Gruppennormen bis zur Verwahrlosung und als Einsamkeitsgefühl bis zur Resignation und Depression für die Pflege bedeutsam. Kontakte vermindern sich im Alter vor allem durch Verlust wichtiger Bezugspersonen, Fehlen von Kindern, Armut, vorzeitige berufliche Ausgliederung, körperliche Behinderung und psychische Störung oder durch mangelnde Integration psychisch Veränderter in Heimen oder sogar durch lebenslängliches Einsperren verwirrter und depressiver alter Menschen in geschlossenen gerontopsychiatrischen Abteilungen einiger Heime, weil die Träger kein Geld für mehr Pflegende haben.

— Die **vorzeitige Entberuflichung** — das durchschnittliche Berufsaufgabealter beträgt bei Männern 58, bei Frauen 55 Jahre — kann durch den Verlust von Rolle, Status, Einkommen und Kontakten zu Kollegen zur Depression im Alter beitragen.

— Die **Armut** im Alter betrifft vorwiegend alte Frauen. Die durchschnittliche Höhe der Erwerbsunfähigkeitsrente der Frauen betrug 1988 431,— DM (der Männer 1337,— DM), die durchschnittliche Witwenrente 971,— DM (Witwerrente 497,— DM). 1987 hatten 19 Prozent der Rentnerinnen (5,6 Prozent der Rentner) ein monatliches Einkommen von 600,— bis 1200,— DM, über 1200,— DM erhielten 29 Prozent der Rentnerinnen (42 Prozent der Rentner) (nach HIRVONEN

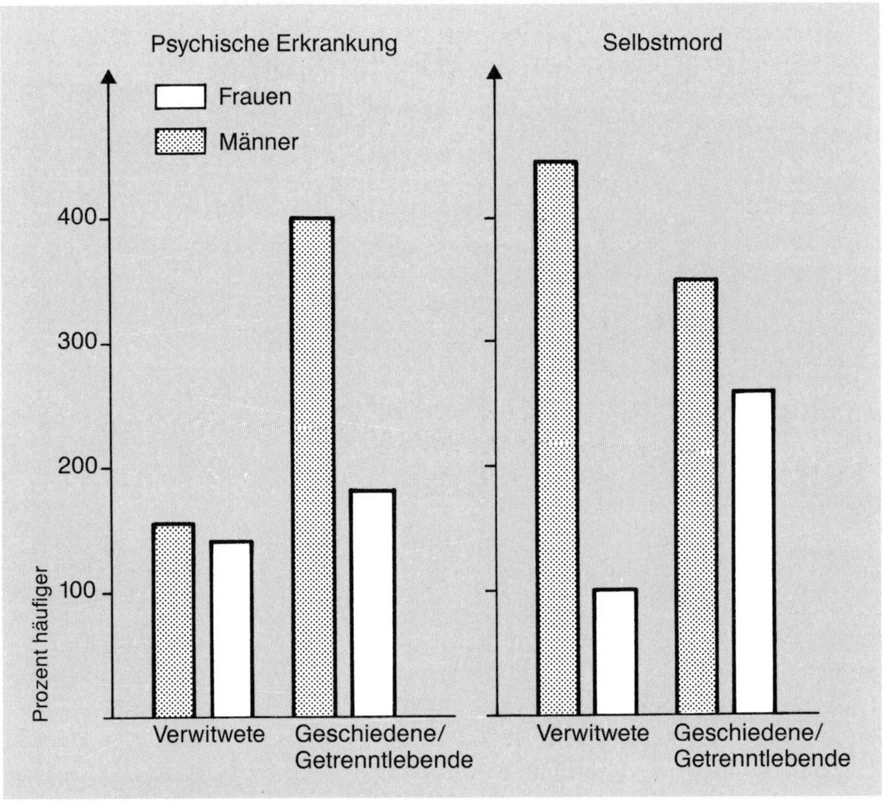

Abb. 25: Häufigkeit von Suizid und psychischer Erkrankung bei Verwitweten, Geschiedenen, Getrenntlebenden im Vergleich zu Verheirateten, nach ARGYLE (1986, S. 28)

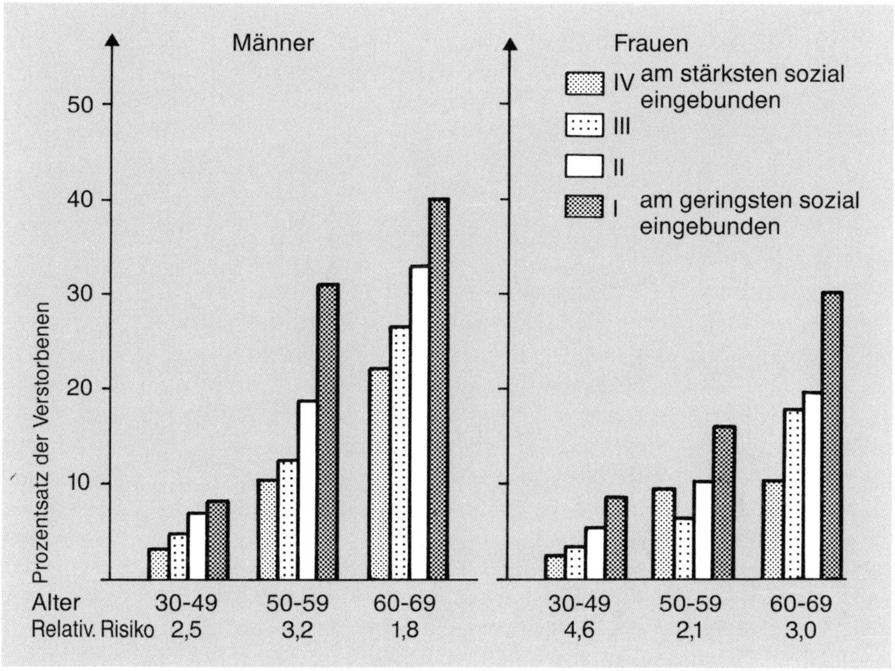

Abb. 26: Sterblichkeitsraten nach Alter, Geschlecht und dem Grad sozialer Einbindung, nach ARGYLE (1986, S. 29)

1989). Die Armut schränkt die Möglichkeit ein, gesundheitliche Belastungen und Schäden in der Wohnungseinrichtung auszugleichen, sich zu informieren und danach die Einstellung zu ändern. So trägt Armut durch Ressourcen- und Kompetenzverlust indirekt zur Depression bei.

— Die **Mehrfachbenachteiligung** alter Menschen bezieht sich auf Gesundheit, Wohn- und Bildungssituation. Die Tauschwerte alter Menschen schwinden, so daß bei nachlassender Fremdeinschätzung die Selbsteinschätzung bis zur Selbstwertkrise sinkt: Altern ist primär soziales Schicksal (Thomä). Betreuung und Pflege psychisch veränderter alter Menschen ist schichtabhängig: Oberschichtangehörige können sich einen Psychotherapeuten, eine private Pflegerin leisten oder sich in einem exklusiven Altenheim einkaufen. Depressive aus der Mittelschicht werden noch zum Psychiater geschickt, durch Schwestern der Sozialstation begleitet und schließlich in einem Heim eines Wohlfahrtsverbandes gepflegt. Depressive aus der Unterschicht werden vom praktischen Arzt wegen ihrer körperlichen Beschwerden behandelt, erhalten selten Hilfe von Sozialstationen und werden schließlich im Mehrbettzimmer eines städtischen Altenheimes vereinsamt sterben.

— Die **Multimorbidität** führt zur sozialen Beeinträchtigung bis zur sozialen Behinderung und schließlich zur Pflegebedürftigkeit. »Pflegefälle« werden als abgebaute, verkalkte, verwelkte, unwürdige Alte, senile Pfleglinge, als Zuschlags-, Dringlichkeits- oder Sterbefälle, als Irre, als verwirrte Barontos oder als Insassen abgewertet, entwürdigt, entpersönlicht, von Politikern als Altenlast diskriminiert und von manchen Ärzten auf körperliche Krankheiten reduziert und als irreversibel (unheilbar) entmutigt, weil doch nichts mehr zu machen sei, so daß die Krankenkassen die Kosten für weitere stationäre Behandlung ablehnen und diese Schwer- und Mehrfachkranken im Pflegeheim zu Sozialhilfeempfängern werden. In einigen Großstädten kann fast die Hälfte der Pflegebedürftigen nicht ortsnah, sondern bis 150 km entfernt untergebracht werden, so daß sie im ortsfernen Heim kaum noch besucht werden: Das ist soziale Euthanasie.

— Die **Vorurteile** gegenüber alten Menschen wie Defizitdenken und gesellschaftliche Erwartungen vom Rückzug verstärken die Vorurteile gegenüber psychisch Kranken, die unsere Gesellschaft unverändert diskriminiert, ja ausschließt. Heute alte Menschen haben die Euthanasie auch Depressiver in der Nazizeit erlebt und fürchten, ebenso be-

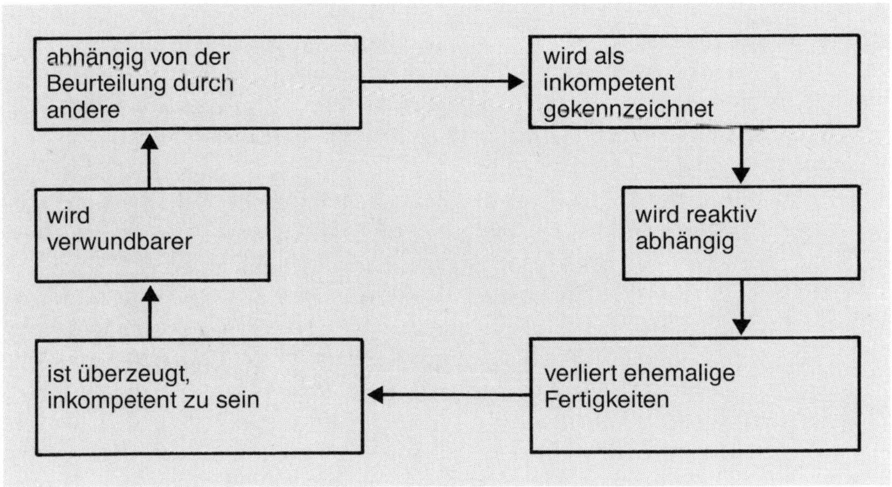

Abb. 27: Syndrom des sozialen Zusammenbruchs nach Bengtson & Kuypers (1985)

handelt zu werden, wenn sie zugeben, depressiv zu sein. Das Syndrom des sozialen Zusammenbruchs nach BENGTSON & KUYPERS (1985) zeigt, wie alte Menschen abhängig von der Beurteilung durch andere immer verwundbarer, d. h. auch depressiv werden können.

Die sozialen Faktoren, die zur Depression im Alter beitragen können, sind komplex und nicht erschöpfend darzustellen. Das folgende Schema von BILLINGS und MOOS (1982) versucht, die Zusammenhänge einfach darzustellen:

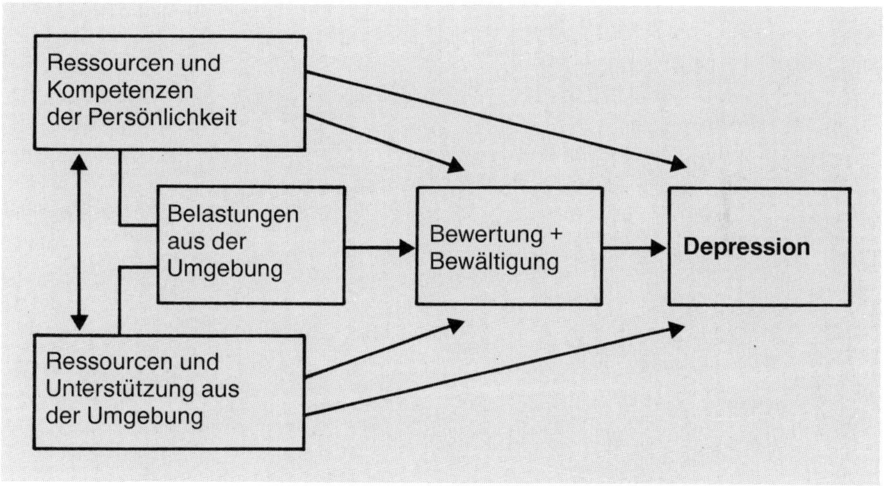

Abb. 28: Depressionskonzept von BILLINGS und MOOS (1982)

7.5. Ökologische Faktoren

— **Verlust der gewohnten Umgebung** durch Umzug in eine kleinere Wohnung oder in ein Doppelzimmer im Heim bedeutet Verlust von ökologischen Ressourcen, von gewohnter Umgebung mit kleinen Alltagsfreuden, z. B. an einem Baum vor der Wohnung mit Vogelgesang, bedeutet Entwurzelung und Entfremdung, wenn der Betagte die neue Umgebung nicht mehr nach seinen Wünschen gestalten kann und keine schöne Aussicht mehr hat. Der Umzug aus einer unfreundlichen und unbequemen Wohnung ins Heim kann aber auch einem Depressiven Quellen der Freude in der neuen Umgebung erschließen.

— Für die im Herbst und Winter gehäuften Depressionen ist **Lichtmangel** ein nachgewiesener Faktor. Alte Frauen haben eine so geringe Rente, daß sie ihre Wohnung nicht ausreichend ausleuchten können; so können die dunklen Räume ihre Depression verschlimmern.

7.6. Mehrdimensionale Entstehung von Depressionen

Depression als gemeinsame Endstrecke ineinandergreifender Streßprozesse zu beschreiben, ist der Versuch, ein einheitliches Konzept der Depression zu erstellen (vgl. Abbildung 30).

Im folgenden Schema ist die multifaktorielle Entstehung der Depression in der Wechselwirkung der verschiedenen Faktoren dargestellt.

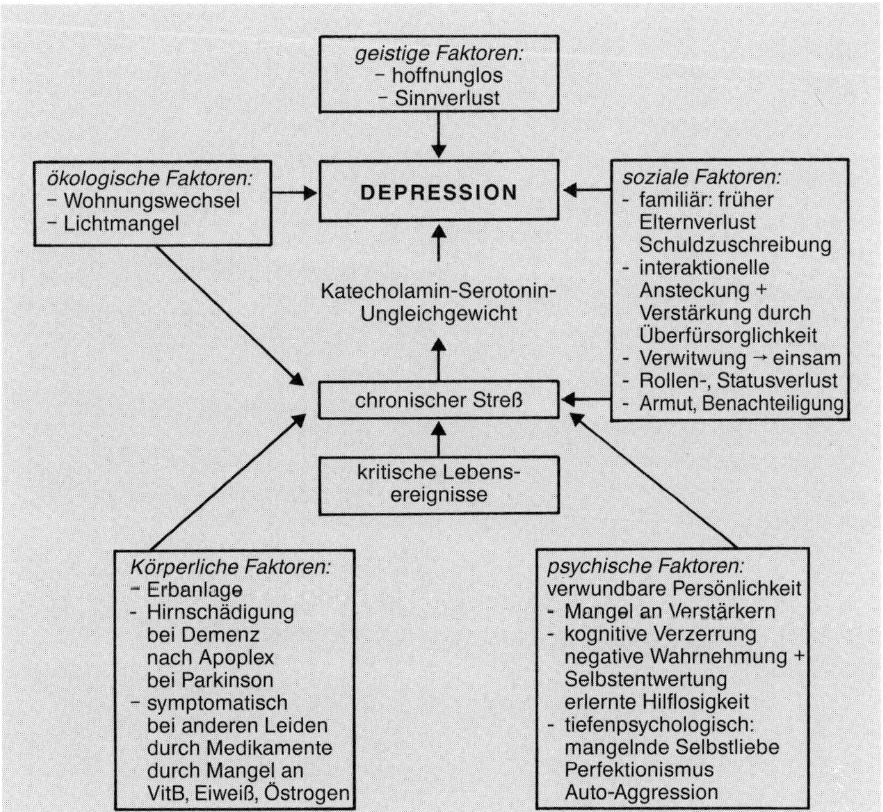

Abb. 29: Depression durch Wechselwirkung vieler Faktoren

Zu diesen individuellen Depressionsfaktoren kommen interaktionelle, d. h., in einem Kreisprozeß ständiger Wechselwirkung kann der Depressive noch hilfloser oder gebessert werden, wie Abbildung 31 darzustellen versucht.

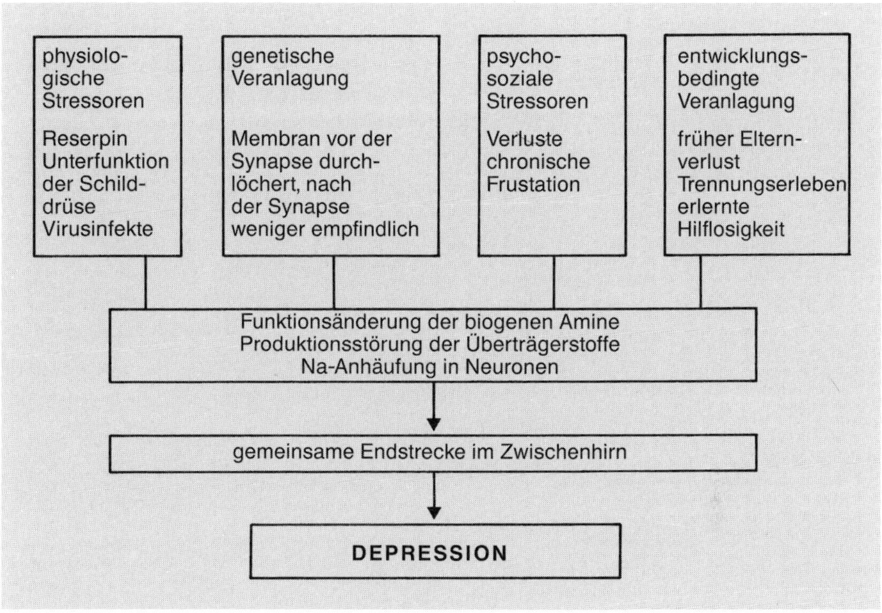

Abb. 30: Depression als gemeinsame Endstrecke (nach AKISKAL & McKINNEY 1979)

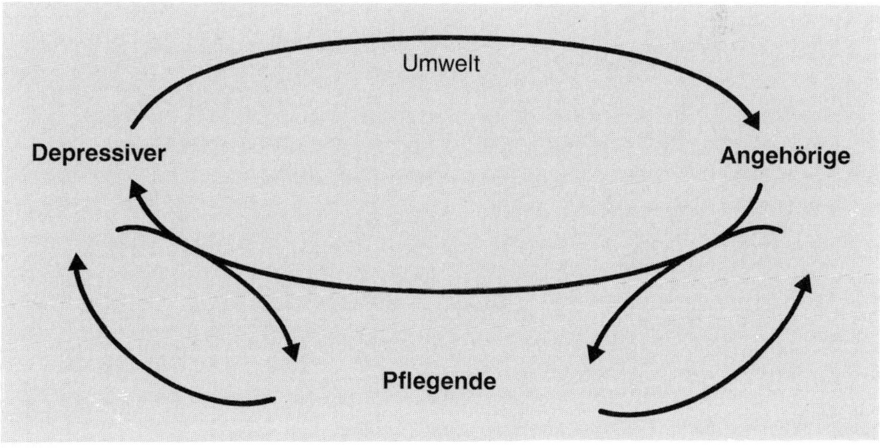

Abb. 31: Der Depressive in einer kreisförmigen Wechselbeziehung mit seiner Umwelt

8. Welche Therapiemöglichkeiten gibt es für alte Menschen mit einem depressiven Syndrom?

Von den wenigen Depressiven, die depressionsspezifisch behandelt werden, erhalten die meisten eine ausschließliche Behandlung mit Antidepressiva, ohne die Gesamtsituation zu berücksichtigen. Da die Depressionen im Alter mehrschichtig und die Symptome oft unspezifisch sind, sind Leitsymptome für die Behandlung nach der bisherigen Unterscheidung in somatogene, endogene und neurotische Depressionen nur grobe Orientierungen für folgendes Behandlungsschema mit den 3 psychiatrischen Therapiesäulen:

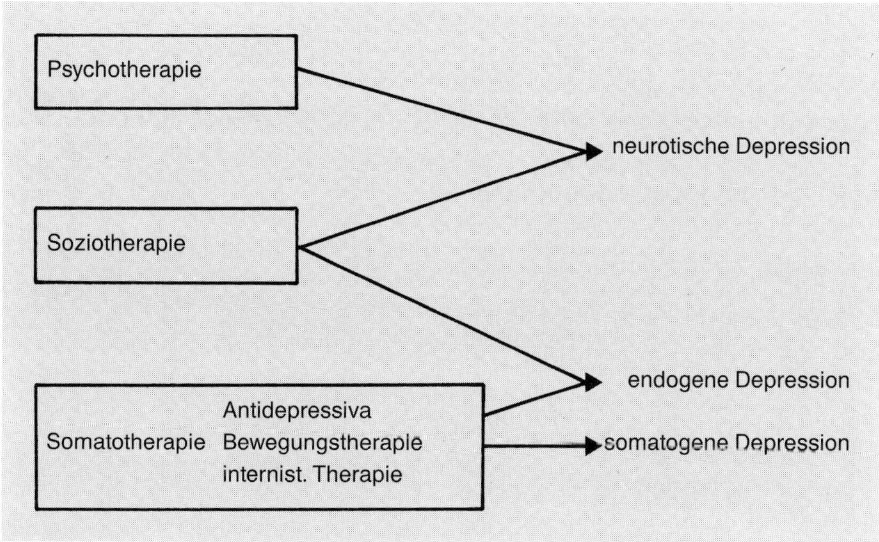

Abb. 32: Behandlungsschwerpunkte bei Altersdepression

Pflegende müssen die Grundsätze der Behandlung kennen, um im Gespräch mit dem behandelnden Arzt individuell für jeden Kranken unterschiedliche Behandlungsschwerpunkte herauszuarbeiten und schädliche Wechselwirkungen verschiedener Behandlungsansätze zu vermeiden. Pflegende können helfen zu klären, welche Behandlungsmöglichkeiten zu Hause oder im Heim überhaupt möglich sind und wie sie für diesen Kranken sinnvoll einzusetzen sind.

Ein mehrdimensionaler Behandlungsansatz ist auch für die biographisch orientierte Pflege Altersdepressiver hilfreich:

1. Unter welchen körperlichen Beschwerden und Krankheiten leidet der Kranke?
2. Welche psychischen Belastungen, Konflikte, Versagens- und Schuldgefühle drücken den Kranken?
3. Welche geistigen Wertorientierungen bedingen sein überstrenges Gewissen? Welchen Sinn erkennt er noch für sein Leben?
4. Welche Kontakte und Beziehungen hat er aufrechterhalten, und wie können Angehörige oder Pflegende seine Depression bessern oder verschlimmern?
5. Fördern seine Armut und seine Umgebung die Depression?

8.1. Psychotherapie

Pflegende brauchen nicht spezielle Kenntnisse psychotherapeutischer Verfahren, sondern eine therapeutische Grundhaltung:

— Sie sollten depressive Symptome und nonverbale Signale wahrnehmen, d. h., genau hinsehen und hinhören können,

— die vielfältigen Entstehungsbedingungen aus seiner persönlichen Lebens- und Familiengeschichte verstehen,

— sich einfühlen in die niederdrückenden Gefühle, die Not miterleben, ohne Mitleid vorzuspielen,

— sich positiv emotional zuwenden, den Kranken akzeptieren, ohne Bedingungen zu stellen, damit er sich selbst wieder akzeptieren kann, zulassen, Trauer und Wut zu äußern,

— Vertrauen aufbauen durch echtes, wahrhaftiges, kongruentes Verhalten,

— begleiten mit viel Geduld, ohne schnelle Lösungen durch Ratschläge erzwingen zu wollen,

— informieren über die Behandlung mit Antidepressiva und auf Stimmungsschwankungen während der Behandlung vorbereiten,

— kleine Fortschritte anerkennen, loben und verstärken,

— offen über Suizid reden,

— Angehörige und Umgebung miteinbeziehen,

— den Kranken in Gruppen integrieren,

— Aufgaben vermitteln und neuen Sinn suchen!

8.1.1. Kognitive Verhaltenstherapie

Die kognitive Verhaltenstherapie ist auch im Alter und bei eingeschränkter geistiger Beweglichkeit wirksam, auch wenn die bisherige Behandlung mit Antidepressiva erfolglos war. Pflegende können verhaltenstherapeutische Grundsätze anwenden, z. B. nichtdepressives

Verhalten wie kleine Erfolge konsequent zu loben und despressives Verhalten zu ignorieren. Der Depressive nimmt sich selbst selektiv (auswählend) negativ wahr, er kann lernen, seine positiven Aktivitäten wahrzunehmen. Der Depressive bewertet sich negativ z. B. als schuldig oder als Versager. In einer Liste positiver Eigenschaften kann er lernen, sich positiver zu bewerten. Der Depressive neigt dazu, sich negativ zu verstärken, z. B. sich selbst zu bestrafen. Er kann lernen, sich selbst zu belohnen.

In der kognitiven Verhaltenstherapie sollen

1. positive Aktivitäten aufgebaut,
2. falsche Denkmuster, automatische Gedanken verändert,
3. soziale Fertigkeiten verbessert,
4. der Therapieerfolg erhalten werden.

1. Positive Aktivitäten werden verstärkt. Positive Aktivitäten sind Tätigkeiten, die der Kranke in seiner Biographie als angenehm und positiv erlebte. Je mehr positive Aktivitäten der Kranke regelmäßig durchführt, um so besser fühlt er sich. Die verbesserte Stimmung macht ihn bereit, öfter aktiv zu werden. Der Kranke soll auch negative, depressionsfördernde Aktvitäten (z. B. Grübeln, Rückzug) erkennen, abbauen und durch angenehme Aktivitäten ersetzen. Er soll die auslösenden und aufrechterhaltenden Bedingungen herausfinden, die seine Stimmung herabsetzen. Insgesamt soll der Kranke ein ausgewogenes Verhältnis von angenehmen, neutralen und unangenehmen Aktivitäten erreichen. In einem ausführlichen Tagesplan, später Wochenplan lernt er, sich selbst zu beobachten, welche Aktivitäten für ihn angenehm oder unangenehm sind und wie er sich realistisch für angenehme Aktivitäten entscheiden und Prioritäten setzen kann, um unangenehme Aktivitäten durch angenehme zu ersetzen.

2. Der kognitive Ansatz zur Erklärung der Depression geht davon aus, daß Depressive Situationen auswählend negativ wahrnehmen, Negatives erwarten, die Situation negativ interpretieren und bewerten bei einer überhöhten Anspruchshaltung, weil Depressive automatisch verzerrend, unpassend, irrational oder einseitig denken, d. h. stillschweigend falsche Annahmen machen. Diese Denkmuster des Depressiven sind außer der kognitiven Triade (Ich, die Umwelt und die Zukunft sind negativ) z. B. Verallgemeinerungen wie »immer, nie, jeder, alles . . .« oder negative Verzerrungen wie »Ich habe nur Mißerfolge« oder übertriebenes Verpflichtungsgefühl »Ich bin für alles verantwortlich« oder die Tyrannei der überhöhten Ansprüche »Ich müßte, sollte, darf doch nicht . . .« oder irrationale Gedanken wie »Jeder muß mich anerkennen oder lieben«, »Ich muß in allem kompetent und tüchtig sein«, »Es ist katastrophal, wenn ich das nicht erreiche«, »Ich muß jedes

Problem perfekt lösen können« usw. Auch wenn Ältere jahrzehntelang solche Grundüberzeugungen vertreten haben, sind sie noch fähig, ihre Einstellung zu korrigieren. Diese automatischen Gedanken treten blitzartig auf, laufen unfreiwillig schnell ab und erscheinen subjektiv plausibel.
Da diese verzerrten Denkmuster depressive Verstimmung auslösen, müssen sie beobachtet und in einem Tagesprotokoll mit 5 Spalten notiert werden.

1. Spalte: Welche Gefühle treten in welcher Situation auf?

2. Spalte: Welche Denkmuster führen zu diesen Gefühlen?

Der Kranke sollte Gedanken sammeln, die demselben Fehler folgen: z. B. dem Alles-oder-Nichts- oder Wenn-Dann-Denken, oder daß er alles persönlich nimmt.

3. Spalte: Wieweit überzeugen diese Gedanken den Kranken?

4. Spalte: Welche anderen Überlegungen sind angemessener?

Der Kranke muß die Realität genauer überprüfen und feststellen, daß seine Gedanken einseitig sind und nur einen kleinen Ausschnitt aus der Vielzahl möglicher Ursachen berücksichtigen. Der Kranke darf dabei nicht überredet werden, sondern sollte es selbst einsehen.

5. Spalte: Welche Gefühle folgen auf die neuen Denkmuster?

Um falsche Denkmuster zu verändern, werden Hausaufgaben gestellt. Hautzinger (in Meermann & Vandereycken 1991, S. 192) beschreibt noch weitere Methoden: Reaktionen verhindern, sich schrittweise annähern, Vor- und Nachteile gegenüberstellen, Gegenargumente liefern, auf das Selbstwertgefühl Bezug nehmen, die Willkürlichkeit enthüllen und lang- und kurzfristige Nützlichkeit prüfen.

3. Soziale Fertigkeiten verbessern bedeutet, positive soziale Aktivitäten aufzubauen und soziale Wahrnehmungsmuster zu verändern. Um positive Erfahrungen mit anderen Menschen zu machen, soll der Depressive seine Schwächen und Stärken im sozialen Umgang realistisch beobachten, im Rollenspiel in natürlicher Situation neues Verhalten einüben und in die Realität übertragen, seine positiven und negativen Gefühle äußern, sein nonverbales Verhalten einschätzen, seine soziale Wahrnehmung (z. B. welche Wünsche haben andere an mich) schärfen, Forderungen ablehnen, »nein« sagen, auf andere zugehen, Kontakte aufbauen und aufrechterhalten, partnerschaftlich kommunizieren und in Belastungen um Hilfe zu bitten lernen.

4. Der Kranke kann den Therapieerfolg beibehalten, wenn er depressionsauslösende Belastungen voraussieht, depressive Verstimmungen früh erkennt, die Mittel kennt, die er bei Bedarf zur Selbsthilfe einsetzen kann, positive Aktivitäten aufrechterhält und seine neuen Denkmuster stabilisiert.

Verhaltenstherapie wird als Einzel-, Paar- und Gruppentherapie durchgeführt. Gruppen verbessern durch mehr Kontakte und durch Nachahmungslernen die sozialen Kompetenzen und können die Selbstkontrolltechniken Selbstwahrnehmung, Selbstbewertung und Selbstbelohnung verstärken. Andere Techniken der Verhaltenstherapie wie Entspannungs- und Selbstsicherheitstraining werden eingesetzt, um den Kranken aus der erlernten Hilflosigkeit zu holen und die Selbstheilungskräfte zu stärken. Pflegende führen selbst keine Verhaltenstherapie durch, können aber von kooperativen Psychotherapeuten als Co-Therapeuten eingeführt werden und sollten deshalb die Grundansätze kennen.

8.1.2. Tiefenpsychologische Behandlungsansätze

Tiefenpsychologische Behandlungsansätze setzen Denkfähigkeit und die Bereitschaft des älteren Kranken voraus, unbewältigte Probleme aus der Vergangenheit aufzuarbeiten. Für Pflegende können folgende tiefenpsychologischen Aspekte in der Behandlung von Depressiven hilfreich sein:

— Zur Regression neigt jeder Schwerkranke. Pflegende fördern die Regression älterer Kranker, wenn sie wie eine »gute Mutter« ihr Kind den Depressiven bemuttern, verwöhnen, d. h. ihn infantilisieren, verkindlichen, indem sie ihn ungefragt duzen oder sogar nacherziehen wollen, weil sie z. B. die beschriebene Verhaltenstherapie als Erziehungsmittel falsch verstehen. Pflegende verstärken die Regression und damit die Depression, wenn sie nicht mehr fordern, ihn unpersönlich oder gar nicht mehr ansprechen, seine Biographie nicht beachten oder ihn mit Beruhigungsmitteln bestrafen. Der Kranke wird durch regressionsfördernde Bemutterung immer hilfloser, abhängiger und wütender. Pflegende sollten sich fragen, ob sie sich indirekt an ihren Eltern rächen, sich in ihrer Macht und Überlegenheit bestätigen oder eigene Verwöhnungsansprüche auf Depressive projizieren? Pflegende können die Regression älterer Depressiver verhindern helfen, wenn sie ihn wieder respektieren, schätzen, eine echte, wahrhaftige Beziehung zu ihm aufbauen und andere Beziehungen ermöglichen, ihm Aufgaben im Sinne positiver Aktivitäten zumuten, ihn für kleinste Erfolge anerkennen und loben und ihn so in seinem Selbstwertgefühl stabilisieren.

— Das strenge Gewissen, das tyrannische Überich des Depressiven (»Ich müßte, sollte, darf doch nicht . . .«) führt zu Schuld- und Versagensgefühlen, zur Selbstentwertung und zur Aggression gegen sich selbst. Pflegende, die dem Depressiven Vorwürfe machen, weil er sich durchsetzt, die ihn als bösartig abwerten, wenn er inkontinent wird, ihn mit verachtenden Blicken strafen, wenn er sich selbst befriedigt, verhalten sich wie strafende Eltern, d. h. sie verstärken seine Schuldgefühle und seine Selbstabwertung, weil sie glauben, moralisch überlegen zu sein. Pflegende, die selbst zwanghaft perfektionistisch sind und Riesenansprüche an die Pflege stellen, sind gefährdet, sich von der Depression Älterer anstecken zu lassen und auszubrennen, weil sie nicht selten im strafenden Blick eines älteren Depressiven an die eigene strenge Mutter erinnert werden, die jahrelang Macht durch Schuldgefühle ausgeübt hat. Pflegende brauchen mehr Nachsicht mit eigenen Schwächen, dann werden sie großzügiger mit Fehlern und Versagen von Elternfiguren umgehen und so dem alten Depressiven helfen, sich selbst zu verzeihen, statt sich zu verurteilen.

— Das Anklammern eines Depressiven, weil er nicht allein sein kann, überfordert die Pflegenden. Sie sollten früh genug für Kontakte zu anderen, z. B. zu Mitbewohnern und Ehrenamtlichen sorgen. Depressive, die sich von anderen angenommen fühlen, können sich selbst wieder annehmen und lieben.

8.1.3. Sinnorientierte Therapieansätze

Sinnorientierte Therapieansätze im Sinne der Logotherapie nach FRANKL und LUKAS werden nur selten beschrieben. Angesichts des bevorstehenden Sterbens sind nach meiner Erfahrung Ältere dafür sehr aufgeschlossen. Im Gespräch mit dem Depressiven wird nach einem Sinn für das bisherige und für das restliche Leben gesucht. Der Depressive richtet seine Aufmerksamkeit von einer leidvollen, oft schmerzhaften Vergangenheit auf zukünftige Aufgaben, die für ihn noch einen Sinn machen. Ein Hobby, das von der Umgebung des Kranken nicht anerkannt wird, ist auf die Dauer nicht mehr sinnstiftend. Der Depressive kann ein sinnerfülltes Leben manchmal nicht mehr allein aufrechterhalten, er braucht dazu andere, z. B. Pflegende oder Seelsorger, die ihn immer wieder anregen und ermutigen. Abbildung 33 zeigt die Sinnsuche als Alternative.

8.1.4. Andere psychotherapeutische Verfahren

Andere psychotherapeutische Verfahren, die eingesetzt werden, sind Gesprächstherapie, Gestalttherapie, Psychodrama und vor allem auch Familientherapie und andere. Die Grundsätze von körpertherapeutischen Verfahren sind besonders für die Pflege geeignet, weil jede Pflegetätigkeit mit Berührung verbunden ist.

8.1.5. Beziehung als Heilmittel

Wenn ein alter Depressiver die Worte seines Therapeuten, Begleiters abwehrt, sich sperrt, bleibt immer noch der nonverbale Zugang über den Körper, damit sich der Kranke verstanden, akzeptiert, geliebt füh-

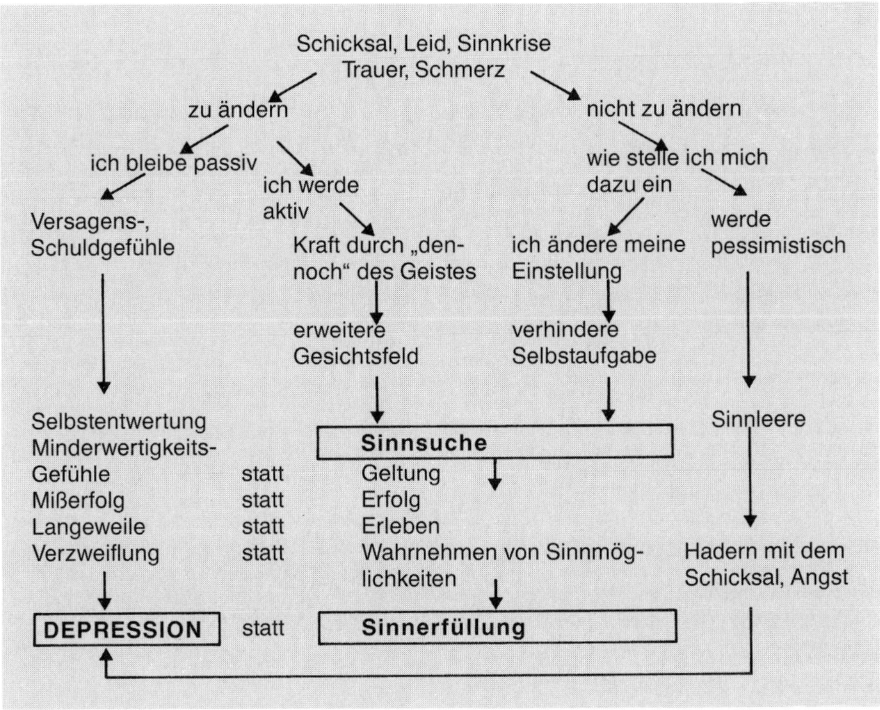

Abb. 33: Sinnsuche als Möglichkeit, Depression zu überwinden

len kann. Die Berührungen beim Waschen, Einreiben, Massieren werden zu einem entscheidenden therapeutischen Mittel, die Hände der Pflegenden zu einem Heilmittel für Ältere, die ihren Körper und seine Regungen jahrzehntelang abgelehnt haben. Auch demente Depressive, die die Bedeutung der Worte z. B. eines Verhaltenstherapeuten nicht mehr verstehen, spüren aus der Art der Berührung, ob die Beziehung des Pflegenden zu ihm wohlwollend, annehmend, neutral gleichgültig oder sogar ablehnend ist. Pflegende sollten sich immer wieder klar werden, wie sehr sie nicht nur durch Berührungen, sondern auch durch Bewegung, Gesten, Mimik, Blicke und Stimmlage dem Depressiven nonverbal mitteilen, wie sie im Augenblick ihre Beziehung zum Depressiven erleben und wie sie mit ihrer Beziehung die depressive Stimmung erhellen, verbessern können. Bisher wird immer nur die Arzt-Patienten-Beziehung als Heilmittel dargestellt, ohne zu berücksichtigen, daß Pflegende mehr und durch die in der Pflege nötige körperliche Nähe intensiveren Kontakt zum Kranken haben als Ärzte. Die Beziehung der Pflegenden zum Kranken ist ein entscheidendes Medikament oder Heilmittel.

8.2. Soziotherapie

Soziotherapie sollte von Sozialarbeitern und Sozialpädagogen durchgeführt werden, weil sie dafür ausgebildet sind. Sie umfaßt sozialpsychologische, sozialökologische und sozialökonomische (Milieutherapie) Ansätze. Soziotherapie wird meist nur sozialpsychologisch und fast nur im klinischen Bereich dargestellt. Soziotherapie klärt die Notwendigkeit einer Klinikeinweisung und ist Begleitung von Angehörigen Depressiver.

8.2.1. Sozialpsychologische Ansätze

Soziotherapie hat das Ziel (nach Payk 1982),

1. gestörte zwischenmenschliche Beziehungen wiederherzustellen,
2. Selbstgefühl und Eigenleistung zu verstärken,
3. eine psychiatrische Hospitalisierung zu vermeiden,
4. den Kranken früh zu therapieren und zu rehabilitieren.

In der Zielsetzung fehlt die Wiederherstellung der Fertigkeiten im Alltag, die für das Zurechtkommen alter Menschen in ihrer Wohnung Vorrang haben sollten.

— **Training der Alltagsfertigkeiten:** Pflegende können mit dem an den Aktivitäten des täglichen Lebens orientierten Pflegekonzept das Training von selbständigen Tätigkeiten in folgenden Bereichen durchführen: selbständig die Speisen zubereiten, selbständig essen und trinken, sich waschen und pflegen, sich kleiden, sich bewegen, selbständig zur Toilette gehen und sich beschäftigen. Depressive, die wieder einkaufen gehen, kochen, backen, die Wäsche und die Wohnung sauber halten, bauen durch diese Eigenleistung wieder ihr Selbstwertgefühl auf. Das Training der Aktivitäten des täglichen Lebens ist für die Therapie und Rehabilitation des Depressiven wichtiger als Beschäftigungstherapie, weil er auch durch kleinste Erfolge ermutigt oder verstärkt wird und allmählich seine Hilflosigkeit, seine Abhängigkeit von Pflegenden und seine Mißerfolgsorientierung verlernen kann.

— **Beschäftigungstherapie** kann eine sinnvolle Ergänzung sein, um Freizeit zu gestalten. Beschäftigung allein reicht nicht aus, um Ältere vor Depression zu schützen. Beschäftigungstherapie will verborgene oder bisher abgewehrte Interessen, d. h. eigene Kreativität fördern, damit der Depressive neue Möglichkeiten entdeckt, die ihm Spaß machen, d. h. er stellt nicht Kunstwerke oder Gegenstände für einen Basar her, sondern er beschäftigt sich ohne jeden Leistungsdruck mit einem Material, damit er sich mit seiner Tätigkeit akzeptiert fühlen und sich und andere damit erfreuen kann. Beschäftigungstherapeuten und Depressiver suchen gemeinsam das Material aus, welches für ihn den größten Anreiz hat, sich damit auseinanderzusetzen. Das Produkt kann für den Depressiven unerreichbar erscheinen, deshalb muß ihm die Tätigkeit an sich, die Beschäftigung mit dem Material schon Spaß machen. Der Depressive sollte in seiner Aktivität einen Sinn erkennen, dann ist er leicht zur Beschäftigung zu motivieren. Wenn er in der Beschäftigung neue Handlungsmöglichkeiten erarbeiten kann, verbessert er auch die Aktivitäten des täglichen Lebens.

Ziele der Beschäftigungstherapie sind (nach HIRSCH 1992, S. 160),

1. motorische und sensorische Fähigkeiten zu üben und die erstarrte depressive Körperhaltung aufzulockern,
2. Orientierung, Ausdauer, Flexibilität und Selbständigkeit in der Tagesstrukturierung zu verbessern,
3. Konzentration, Merkfähigkeit und Gedächtnis zu fördern,
4. Kontakte aufzubauen und gestaute Affekte abzuführen,
5. Phantasie und Kreativität durch Umgang mit Materialien zu fördern,
6. Kompetenzen aufzubauen und Alltagsfertigkeiten zu aktivieren,
7. Selbstwerterleben, Lebensfreude und Lebenssinn zu stärken.

— **Die Therapeutische Gemeinschaft,** die sich in psychiatrischen Kliniken bewährt hat, kann in Altenheimen übernommen werden. Die Gruppenprozesse zwischen Patienten oder Bewohnern und Pflegenden ergeben sich aus einer partnerschaftlichen Beziehung, in der auch der Bewohner Mitverantwortung übernimmt. Bewohner und Pflegende sprechen tolerant, gleichberechtigt und offen miteinander. Vormittags finden regelmäßig Gemeinschaftssitzungen statt, in denen Probleme besprochen und Maßnahmen kritisiert werden können. Daneben werden in Kleingruppen Psychotherapie, Gymnastik oder andere Aktivitäten durchgeführt. In täglichen Teambesprechungen werden weitere Behandlungsschritte diskutiert und in die Gemeinschaftssitzungen eingebracht. Das Behandlungsteam konfrontiert sich in der Supervision mit eigenen Anteilen.

Die therapeutische Gemeinschaft kommt dem Kontaktbedürfnis einiger Depressiver entgegen, für andere ist die Gruppe zunächst unangenehm, bis sie spüren, wie sehr Kontakte zum Wohlbefinden beitragen. Einige Depressive, die immer kontaktscheu waren und allein lebten, sind nicht oder nur schwierig davon zu überzeugen, daß sie Kontakte brauchen. Ihnen helfen Einzelgespräche und -aktivitäten, um sie vor weiterem Rückzug zu schützen.

8.2.2. Wann ist Klinikeinweisung notwendig (notwendend)?

Pflegende sollten eine Klinikeinweisung veranlassen

- aus sozialen Gründen, wenn Depressive verarmen, vereinsamen, wenn sich die Bezugsperson trennt oder stirbt oder den Kranken abwertet und ihm dauernd Vorwürfe macht und sie von keinem mehr akzeptiert oder ertragen werden;
- aus Krankheitsgründen, wenn Depressive die Nahrung verweigern, sich zurückziehen, sich isolieren, von Angst überwältigt werden, keinen Therapieerfolg haben, die Krankheit nicht einsehen und von Schuldwahn gequält mit Suizid drohen.

Die folgende Tabelle stellt Vor- und Nachteile der Klinikbehandlung zusammen:

Tabelle 11: Vor- und Nachteile der Klinikbehandlung

	Vorteile	**Nachteile**
zu Hause	vertrautes Milieu Geborgenheit	Belastung der Angehörigen ständige Anwesenheit nötig
Klinik	Suizidrisiko ist überwachbar Infusionen möglich Nebenwirkungen sind rasch zu beseitigen Distanz zu Vorwürfen der Angehörigen Entlastung der Familie	Klinikbett schwer zu finden geschlossene Abteilung ist nötig Kosten höher Hospitalisierung kränkt zusätzlich Hospitalismus verstärkt Hilflosigkeit Gewohnheiten müssen aufgegeben werden Depressiver fühlt sich abgeschoben

8.2.3. Begleitung der Angehörigen

Pflegende berücksichtigen das Gesamtsystem Familie, sollten klären, welche Familienmitglieder durch Vorwürfe die Depression verstärken, welche Angehörige gefährdet sind, selbst depressiv zu werden, welche Familienstrukturen die Depression fördern und vor allem welche Ressourcen die Familie hat, sich selbst und dem alten Depressiven zu helfen, welche Hilfe die Familie von Nachbarn, Freunden oder Sozialstationen erhalten und annehmen können. Diese sozialen Aufgaben können Pflegende wegen Arbeitsüberlastung oft selbst nicht erfüllen, sondern sind auf die Mitarbeit von Sozialarbeiter(innen) angewiesen.

Pflegende sollten die Familie informieren, daß der Kranke nicht faul oder gefühlskalt, sondern krank und heilbar ist. Sie können Angehörige zu Co-Therapeuten anleiten, die Depression früh zu erkennen und früh behandeln zu lassen. Pflegende können den Angehörigen helfen, den Kranken geduldig anzuhören, zu verstehen und ihn zu akzeptieren, die Antidepressiva-Einnahme zu überwachen, ihn zu kleinen Aufgaben anzuregen, ihn zu ermutigen, Aggressionen zu äußern. Angehörige brauchen Anleitung, nicht die Passivität und Hilflosigkeit des Depressiven mit Zuwendung zu belohnen, sondern seine positiven Aktivitäten. Sie brauchen Entlastung, wenn sie den Depressiven wegen Suizidgefahr nicht allein lassen dürfen.

Bei symbiotischer Beziehung zwischen dem alten Depressiven und der betreuenden Tochter können Pflegende die Tochter in eine geleitete Angehörigengruppe vermitteln, damit diese zur filialen Reife, d. h. zu eigenen Bedürfnissen ohne Schuldgefühle findet und steht.

Die folgende Tabelle stellt interaktionelle Hilfen dar.

Tabelle 12: Hilfen für Angehörige in ihrer Interaktion mit Depressiven

Depressiver	**nicht-depress. Angehöriger**	**Hilfen**
klagt anklagend	fühlt sich angegriffen gekränkt, schuldig	Realität überprüfen
bemitleidet sich fühlt sich schuldig	lehnt ärgerlich, wütend ab	hinhören, verstehen
zieht sich zurück	distanziert sich	Ressourcen suchen
hilflos, „ja, aber"	ist frustriert, ohnmächtig	eigene Stärken wahrnehmen Verantwortung auf andere verteilen kooperieren
fühlt sich abgewertet	reagiert überfürsorglich fühlt sich überlegen	

Da die Angehörigenarbeit oft zu kurz kommt, sollten sich Pflegende für die Angehörigen von Depressiven, die zu Hause oder im Heim leben oder vorübergehend in der Klinik sind, engagieren, damit sie dem Kranken helfen und sich selbst schützen können.

Tabelle 13: Verhaltensanregungen für Angehörige

Was sollten Angehörige nicht?	Was sollten Sie?
eine therapeut. Haltung einnehmen	sich verständnisvoll einfühlen
ihn übermäßig umsorgen	ihm Zuwendung geben
ihn mißtrauisch überwachen	Nähe herstellen, Distanz wahren
trösten: »es wird schon wieder!«	geduldig mit sich und ihm sein
aggressiv, ablehnend reagieren	Hilfe in Anspruch nehmen
sich streiten, wer recht habe	Frust, Wut zulassen
sich selbst überschätzen, -fordern	seine Aktivitäten loben
zuviel Optimismus vorspielen	zu gemeinsamer Aktivität anregen
sich anstecken lassen	den Tag gemeinsam planen

8.2.4. Milieutherapie oder sozialökologische Ansätze

—**Milieutherapie** will das soziale und das räumliche Milieu und die Organisation zu Hause, im Heim oder in der Klinik gezielt verändern, um Spontaneität und Interesse zu fördern, den Gesichtskreis zu erweitern und Kontakte aufnehmen zu können. Der Depressive soll möglichst mitentscheiden und mitwirken, z. B. in seinem Zimmer und in seiner Station eine wohnliche Atmosphäre zu schaffen, z. B. mit Bildern, Blumen, Spiegeln, Uhr, Sitznischen usw. oder andere Räume und den Garten mitbenutzen zu können, Kleidung, Speisepläne oder Tagesablauf mit zu beeinflussen, Freizeitaktivitäten wie Veranstaltungen, Fernsehsendungen, Gottesdienste, Ausgang, Tierhaltung und Urlaub mit zu gestalten und bei den zu planenden Pflegemaßnahmen mit zu sprechen.

Bei Heimbewohnern und Klinikpatienten sollte das Behandlungsteam das Milieu, aus dem der Depressive kommt, einbeziehen und eventuell verändern, wenn eine Entlassung nach Hause eine Verschlimmerung oder einen Rückfall der Depression auslösen könnte. Nicht nur die Wohnung muß verschönert werden, sondern z. B. die Paarbeziehung in einer Paartherapie oder die familiären Beziehungen in einer Familientherapie. Zur Planung und Vermittlung dieser Therapien brauchen Pflegende und Ärzte die Mitarbeit von Sozialarbeitern oder Sozialpädagogen, die eventuell auch eine neue Wohnung vermitteln müssen.

— **Familienpflege,** d. h. daß z. B. Schizophrene in fremden Familien aufgenommen und jahrelang integriert werden, ist mir für ältere Depressive noch nicht bekannt, aber für die Depressiven ein Modell, deren Angehörige zur Auslösung und Verschlimmerung der Depression wesentlich beigetragen haben und zu einer Familientherapie nicht bereit waren.

— Sozialarbeiter können in der **Nachbetreuung** nach Klinik- oder Heimentlassung alte Depressive in Freizeit- oder Interessengruppen, in Vereine, Clubs oder in die Gemeinde integrieren, um das Zugehörigkeitsgefühl und soziale Kompetenzen zu erhalten, um sich für andere Gruppenmitglieder verantwortlich, d. h. noch gebraucht zu fühlen oder in Unternehmungen gemeinsam Freude erleben zu können.

— **Wohngemeinschaften** Älterer sollten mehr gefördert werden, um auch Depressive mit bestimmten Aufgaben zu integrieren.

— **Selbsthilfegruppen** fördern die Hilfe zur Selbsthilfe, die Eigeninitiative, ermöglichen neue Kontakte und geben Hilfestellung und Geborgenheit in der Gruppe. Durch Sozialarbeiter oder Sozialpädagogen aufgebaute und immer wieder begleitete Gruppen helfen, die Behandlungserfolge zu stabilisieren, Isolation durch Rückzug und erneute Einweisung zu vermeiden.

— Sozialarbeiter(innen) können alte Menschen motivieren, **soziale Aufgaben** für alte Kranke oder für Behinderte zu übernehmen, um wieder einen Sinn für ihr Leben zu finden und sich nicht länger überflüssig zu fühlen.

— Sozialarbeiter(innen) können sich in **Öffentlichkeitsarbeit** engagieren, daß die Medien die Lebenserfahrung Älterer mehr anerkennen, damit sie sich in unserer Leistungsgesellschaft trotz nachlassender Kräfte noch lebenswert erleben, selbständig und sozial kompetent bleiben. Durch konsequente Öffentlichkeitsarbeit können gesellschaftliche Vorurteile gegen psychisch kranke alte Menschen allmählich abgebaut werden.

8.2.5. Sozialökonomische Aspekte

Sozialarbeiter(innen) können finanzielle Not, die Armut alter Witwen lindern, d. h. die Heilungsaussichten der Depression verbessern, indem sie Hilfe nach dem BSHG vermitteln, z. B. Hilfe zur Weiterführung des Haushaltes nach § 70, Eingliederungshilfe für Behinderte nach § 39 oder Hilfe zur Pflege nach §§ 68 f. Sie können Hilfen nach dem GRG erschließen, z. B. häusliche Krankenpflege nach § 37 SGB V zu Beginn einer schweren Depression oder häusliche Pflegehilfe nach § 53 oder Urlaubspflege nach § 56 SGB V zur Entlastung der überforderten Angehörigen. Sozialarbeiter können auf Steuerermäßigung hinweisen. Durch finanzielle Hilfen können sie einem Verarmungswahn bei Depression vorbeugen und die Angehörigen vor Ansteckung schützen.

Eine 79jährige Witwe, die ihr altes Haus verwaltete und sich wohl darin fühlte, vergaß eines Abends den Herd auszuschalten. Ihre Wohnung brannte aus, sie wurde mit schweren Verbrennungen ins Krankenhaus gebracht. Nach kurzer Verwirrtheit erholte sie sich auffallend gut, konnte aber nicht in ihr Haus zurück, wurde als Sozialhilfeempfängerin ins Heim gebracht, weil sie all ihre Ersparnisse verloren hatte. Die Tochter holte sie aus dem Heim zu sich in eine kleine Mietwohnung, schaltete den Allgemeinen Sozialen Dienst ein, um einige Vergünstigungen nach dem BSHG zu beantragen. Die Tochter hatte einige Vorteile, ließ die Mutter Haushaltsarbeiten machen, um der eigenen Karriere nachgehen zu können. Die Mutter fühlte sich wieder gebraucht, bewältigte ihre Trauer und lebte wieder auf, knüpfte sogar neue Kontakte, nachdem sie auch mit Gesprächen und Antidepressiva behandelt wurde.

8.3. Somatotherapie

Die körperbezogene Therapie umfaßt Bewegungs-, Entspannungs-Pharmakotherapie, internistische Begleitbehandlung, Schlafentzug, Lichttherapie und Elektrokrampftherapie.

8.3.1. Bewegungstherapie

Der im Antrieb und in der Bewegung gehemmte, verlangsamte Depressive, der sich wie gelähmt fühlt, braucht vor allem mehr Bewegung, weil sonst seine Muskeln schwinden, seine gebeugte Haltung fixiert wird durch zunehmenden Verschleiß der Wirbelsäule, weil er immer ungeschickter und langsamer reagiert und dadurch unfallgefährdeter wird. Durch Inaktivität werden Herz-Kreislauf, Atmung und Stoffwechsel eingeschränkt. Bewegungstherapie kann mit Spaziergängen, Gymnastik und rhythmischen Übungen nach Musik, Seniorentanz, Sport und Bewegungsübungen mit Geräten, z. B. Bällen, Reifen usw., einzeln und besser in Gruppen durchgeführt werden. Bewegung aktiviert, verbessert die Körperhaltung und die Geschicklichkeit in den Aktivitäten des täglichen Lebens, fördert die Durchblutung des Gehirns, der Muskeln und Gelenke, trainiert den Kreislauf, Koordination und Raumorientierung, beugt Schwindel vor, verbessert die Wahrnehmung auch des eigenen Körpers und die Konzentration, verringert Ängste, steigert Selbstsicherheit, Lebensmut, Freude an Aktivitäten und die Fähigkeit, auf andere Menschen zuzugehen und sich auf sie einzustellen. Der Depressive ist oft schwer zur Bewegung zu motivieren. Er mag oft seinen alten Körper nicht, nimmt ihn nur noch wahr, wenn er schmerzt oder andere Beschwerden macht. Die Pflegenden brauchen viel Geduld, ihm erlebbar zu machen, daß Bewegung angenehme Empfindungen im Körper auslöst. Der Depressive ist um so eher zu motivieren, je weniger er unter Leistungsdruck steht und je freundlicher und entspannter die Atmosphäre ist.

8.3.2. Entspannungstherapie

— Nach eigener Erfahrung sind **Autogenes Training, progressive Muskelentspannung und Atemgymnastik** für alte Depressive geeignete Entspannungsverfahren, die die Wahrnehmung des eigenen Körpers verbessern und von Älteren noch gelernt werden. Im Autogenen Training erfährt der Depressive in der Wärme und Schwere angenehme Körperempfindungen, in Atemgymnastik erlebt er Atem als Lebensstrom und in der progressiven Muskelentspannung kann er gestaute Aggression abführen.

— **Wärmetherapie** mit Heißluft, Rotlicht oder Mikrowellen lösen Muskelverkrampfungen und befriedigen Geborgenheitswünsche, dürfen aber nicht Ersatz für mitmenschliche Wärme durch Pflegende werden.

— **Massagen** fördern die Durchblutung, entspannen die Muskeln und entkrampfen innere Organe, z. B. in der Fußreflexzonenmassage. Massagen sind vor allem als intensive Zuwendung, als Streicheleinheiten wirksam. Eine alte ledige Frau, die Streicheln und Umarmen durch eine liebevolle Pflegerin ablehnte, strahlte über das ganze Gesicht, als sie massiert wurde. Diese ärztlich verordnete Streicheleinheit konnte sie ohne Gewissensbisse zulassen.

— **Elektrotherapie** mit galvanischem oder faradischem Strom, mit hochfrequenten Mikrowellen und Ultraschall löst Verspannungen und lindert Schmerzen.

— **Hydrotherapie** mit Wickeln, Packungen, Güssen, Sauna, Unterwassermassagen und Bädern fördert die Durchblutung, lockert die Muskeln und entspannt den Depressiven. Luftsprudelbäder regen den Kreislauf an, warme Vollbäder mit Zusätzen von Fichtennadel, Kräutern oder Brombaldrian beruhigen den Depressiven und fördern seinen Schlaf.

— Durch **kohlenhydratreiche Ernährung** wird die Serotoninsynthese gesteigert, durch eiweißreiche Nahrung vermindert. Schokolade und Haferflocken wirken entspannend. Käse ist bei Behandlung mit MAO-Hemmern zu vermeiden.

8.3.3. Pharmakotherapie mit Antidepressiva

Die Psychopharmakabehandlung wird von manchen Depressiven und ihren Angehörigen abgelehnt, weil sie Angst vor Nebenwirkungen haben. Der behandelnde Arzt sollte mit dem Kranken, den Angehörigen und den Pflegenden Nutzen und Risiken der Antidepressiva besprechen.

Pflegende sollten die Veränderungen der Pharmawirkung im Alter kennen:

1. Wie verändert der Organismus die Wirkung (Pharmakokinetik)? Die Resorption der oralen Arzneimittel ist verlangsamt und verringert. Die Verteilung der Wirkstoffe ist eingeschränkt, wenn die Durchblutung und Herzleistung nachlassen oder ein Bewegungsmangel z. B. bei Depressiven zur Muskelatrophie führte. Die Wirkung setzt verzö-

gert ein. Der Abbau der Medikamente ist im Alter verlangsamt, weil die Leber in Enzymaktivität und Durchblutung herabgesetzt ist. Die Ausscheidung ist durch schlechte Nierendurchblutung vermindert.

Folge: Die für Erwachsene übliche Dosis kann bei Älteren zur Überdosis führen; deshalb sollten Ältere von allen Medikamenten nur die Hälfte der Erwachsenendosis nehmen.

2. Wie anders wirken Arzneimittel (Pharmakodynamik)? Weil Rezeptoren (Empfangsstellen) schwinden oder weniger empfindlich reagieren, können paradoxe Reaktionen ausgelöst werden, z. B. Erregung nach Barbituraten.

3. Die Interaktion oder Wechselwirkung der verschiedenen Medikamente, d. h. ob sie sich gegenseitig verstärken oder aufheben, ist weitgehend unerforscht.

Da ältere Menschen oft vom Hausarzt und von verschiedenen Fachärzten gleichzeitig behandelt werden, ohne daß sie sich abgesprochen haben, nehmen ältere Kranke oft 3 bis 5 verschiedene Medikamente ein. Deshalb sind die Arzneimittelneben- und -wechselwirkungen in keinem Lebensalter so häufig wie im hohen Alter.

4. Die Compliance (d. h., wie der Patient mit dem Arzt zusammenarbeitet) ist oft erschwert, weil Ältere schlecht sehen und hören, weil sie sich die Anordnung des Arztes nicht mehr merken können, weil sie in der Feinmotorik (z. B. halbe Tablette) behindert sind oder Schluckbeschwerden z. B. für Kapseln haben.

Grundsätze der Psychopharmakabehandlung für Pflegende:

a) Pflegende sind nicht Befehlsempfänger der verordnenden Ärzte, sondern ihre Partner, auf die Ärzte gerade in der Behandlung Älterer angewiesen sind. Pflegende tragen **Mitverantwortung,** weil

— sie die Medikamente verteilen, d. h. sie entscheiden, ob der richtige Heimbewohner oder Klinikpatient das richtige Mittel in der richtigen Dosierung, in der richtigen Form und zur richtigen Zeit (z. B. vor dem Essen) erhält,

— sie patientennäher sind und eventuelle Nebenwirkungen früher beobachten als der Arzt,

— sie sich als Anwalt für den Depressiven einsetzen können, wenn er zu gehemmt ist oder Angehörige fehlen,

— sie die vom Kranken nebenher oder heimlich genommenen Mittel besser kennen als der Arzt,

— sie Vielverordnungen beeinflussen, wenn sie z. B. die Unruhe eines agitiert Depressiven nicht mehr ertragen,

— sie oft bei Bedarfsverordnungen entscheiden, wann der Kranke wieviel und wie lange erhält,

— sie manchmal für Zuwendung keine Zeit haben und diese durch Psychopharmaka ersetzen.

b) Pflegende sollten immer wieder den Mut haben, folgende Grundregeln der Psychopharmakabehandlung mit den Ärzten zu diskutieren:

— Die zahlreichen Beschwerden bei der Multimorbidität können nicht alle behandelt werden, sondern Schwerpunkte bilden die Grunderkrankungen, die den größten subjektiven Leidensdruck erzeugen. Grundsätzlich sollten nie mehr als 3 verschiedene Mittel täglich gegeben werden.
— Einschleichend und niedrig dosiert (mit ⅓ der Erwachsenendosis) beginnen!
— Die Dosis langsam steigern bis etwa zur Hälfte der Erwachsenendosis, bei anfangs hoher Dosis bald vorsichtig reduzieren!
— Die Erhaltungsdosis individuell einstellen und immer wieder überprüfen, ob die Behandlung noch unerläßlich ist!
— Bei Selbstmedikation auf Suchtgefahr achten!
— Beim Absetzen langsam und schrittweise ausschleichen!
— Die möglichen Nebenwirkungen im Beipackzettel oder in der Roten Liste nachlesen, sorgfältig beobachten und in der Pflegedokumentation notieren!
— Bei den Nebenwirkungen nicht nur auf psychische wie z. B. Verwirrtheit, Unruhe, Apathie usw. achten, sondern auch an Störungen von Herz-Kreislauf (z. B. Puls-, Blutdruckveränderung), Essen (Übelkeit, Erbrechen) und Ausscheidung (z. B. Austrocknung) denken!
— Angaben des Kranken, seiner Angehörigen und anderer Personen ernst nehmen und dem Arzt melden!
— Psychopharmaka sind kein Ersatz für Fixiergurte, für Zuwendung oder andere psychosoziale Maßnahmen und keine Lösung des Pflegenotstandes!

Um mit Ärzten Nutzen und Risiko von Arzneimitteln abwägen zu können, brauchen Pflegende eine gute Aus- und regelmäßige Fortbildung.

Folgende Antidepressiva sind z. Z. im Handel (Rote Liste 1992):

1. Trizyklische Antidepressiva:

1.1. aktivierende: Anafranil, Gamonil, Nortrilen, Pertofran, Tofranil.

1.2. dämpfende: Amineurin = Laroxyl = Novoprotect = Saroten; Aponal = Sinquam; Equilibrin; Idom; Insidon; Noveril; Stangyl (= bedeutet chemisch identisch). Kombinationen: Limbatril, Longopax.

2. Nichttrizyklische:

2.1. aktivierende: Vivalan; Fevarin; Fluctin.

2.2. dämpfende: Aneural = Delgian = Depressase = Deprilept = Kanopan = Mirpan = Ludiomil = Mapro-Gry = Maprolu = Psymion; Thombran; Tolvin = Prisma.

2.3. MAO-Hemmer: Aurorux; Jatrosom = Parnate.

3. Pflanzliche: Johanniskraut = Hyperforat; Hewepsychon Duo; Neurapas, Psychotonin.

4. vorbeugend wirksam sind Lithiumpräparate wie Lithium = Li450 = Leukominerase = Hypnorex = Quilonum.

Pflegende sollten die Nebenwirkungen der trizyklischen Antidepressiva und Hilfen kennen, vgl. folgende Tabelle:

Tabelle 14: Nebenwirkungen der trizyklischen Antidepressiva und Hilfen

Nebenwirkungen	Hilfen
Sedierung, Gefahr: Immobilität mit Thrombose, Embolie	Aufklärung, Schwarztee
Blutdruckabfall, Gefahr: Hirninfarkt, Sturz	Schwarztee, Kaffee, Dihydergot
Tachykardie, Rhythmusstörung	absetzen
Herzinsuffizienz, EKG-Veränderung	absetzen und Digitalis
Harnverhalt bei Prostata-Adenom	Ubretid
Verstopfung, Gefahr: Ileus	Ubretid
Mundtrockenheit	viel trinken
verschwommenes Sehen	aufklären
Gefahr: Glaukom	absetzen
Gedächtnisstörung	trainieren, bewegen, absetzen
Delir, Verwirrtheit, Unruhe	absetzen, dann Distraneurin
Tremor	absetzen oder beta-Blocka
Leukopenie mit Infektneigung	strenge Überwachung

Wegen der starken anticholinergischen Nebenwirkungen sollte im Alter auf trizyklische Antidepressiva verzichtet werden. Wenn nicht klar ist, ob der Kranke eine Demenz oder eine Depression entwickelt, dürfen keine trizyklischen Antidepressiva gegeben werden, weil eine Demenz mit einem Mangel an Acetylcholin einhergeht. Bei schweren Depressionen kann im Alter mit trizyklischen Antidepressiva nur dann begonnen werden, wenn durch EKG, Blutdruck-, Labor- und weitere Untersuchungen Herz-Kreislauf- und Blutbildschäden, Leber- und Nierenleiden, Prostatavergrößerung und Glaukom ausgeschlossen und monatlich kontrolliert werden.

Während die Nebenwirkungen rasch einsetzen, werden in der ersten Woche der Antrieb gesteigert und die Angst gedämpft, die Stimmung aber erst nach 2 bis 3 Wochen, im Alter manchmal erst nach 4 Wochen aufgehellt. Den unterschiedlichen Wirkungseintritt müssen Pflegende kennen, weil in der 2. bis 3. Woche nach Behandlungsbeginn die Suizidgefahr erhöht ist. In dieser Zeit ist der Antrieb gesteigert, aber die Stimmung noch im depressiven Tief, so daß der Depressive jetzt den Antrieb bekommen kann, Hand an sich zu legen.

Da trizyklische Antidepressiva eine stärkere Wirkung als nichttrizyklische haben, ist das Risiko, daß sie in suizidaler Absicht zur Vergiftung mißbraucht werden, auch höher als bei nichttrizyklischen. Die folgende Abbildung stellt die erhöhte Suizidgefährdung im Behandlungsbeginn dar.

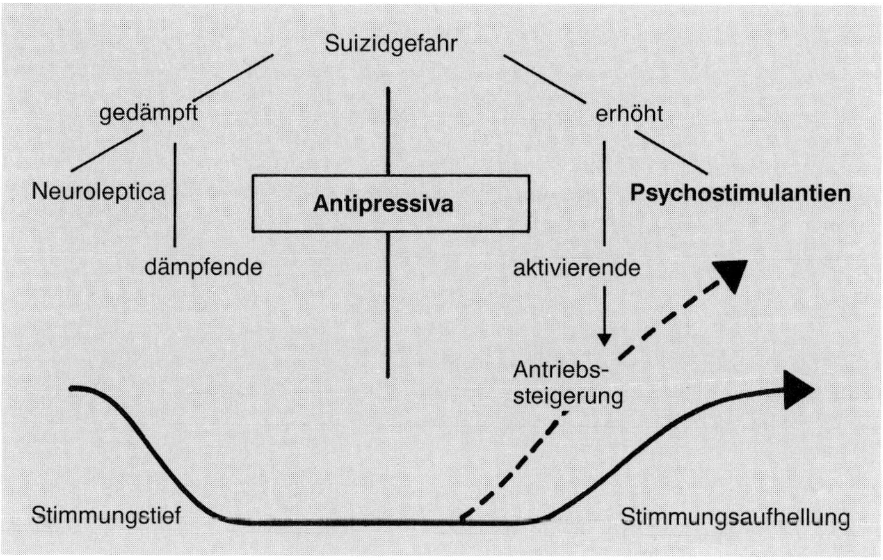

Abb. 34: Erhöhte Suizidgefahr im Behandlungsbeginn

Pflegende sollten auf mögliche Wechselwirkungen der Antidepressiva mit anderen Medikamenten achten:

1. Antidepressiva werden abgeschwächt durch
— Antacida
— Butazolidin
— Nikotin

2. Antidepressiva werden abgeschwächt, aber in der Sedierung verstärkt durch
— Blutdrucksenker
— Tranquilizer, Barbiturate

— Antihistaminica
— Alkohol

3. Antidepressiva werden in der Wirkung verstärkt durch
— Anticholinergica wie trizyklische Neuroleptica, Antiparkinsonmittel, Atropin und Spasmolytica mit der Gefahr eines Delirs oder einer Blasen- und Darmatonie (Ileus)
— Antikoagulantien mit der Gefahr einer Blutungsneigung
— MAO-Hemmer und Ritalin mit der Gefahr von Blutdruckkrisen.

Wenn nach 4 bis 6 Wochen die Stimmung noch nicht aufgehellt ist, wird das Antidepressivum gewechselt. Manchmal ist auch bei Älteren eine Infusionsbehandlung mit Antidepressiva erforderlich. Nach Besserung kann die Erhaltungsdosis oft allmählich auf die Hälfte der Erwachsenendosis reduziert werden. Nach mehreren erfolglosen Behandlungen werden MAO-Hemmer eingesetzt. Während dieser Behandlung müssen tyraminhaltige Speisen (Käse) vermieden werden, weil sonst Blutdruckkrisen auftreten können. Die neueren Antidepressiva wie Fevarin oder Fluctin, die die Aufnahme von Serotonin hemmen, haben keine anticholinergische und keine Herz-Kreislauf-Nebenwirkungen, sind aber bei Älteren bisher zu wenig erprobt.

Bei leichteren und chronifizierten Depressionen kann Johanniskrauttee oder ein Johanniskraut enthaltendes pflanzliches Antidepressivum erfolgreich sein, wenn die Behandlung über Monate konsequent durchgeführt wird.

Bei Schlaflosigkeit und innerer Unruhe sind pflanzliche Mittel besser als Tranquilizer, weil keine Wechsel- und kaum Nebenwirkungen zu erwarten sind. Wenn pflanzliche Mittel nicht ausreichen, sind Tranquilizer den Neuroleptica vorzuziehen. Kurz wirksame Tranquilizer sollten nur für 1 bis 2 Wochen eingesetzt werden, Neuroleptica nur bei akuter Suizidgefahr. Das bei phasenhaft wiederkehrenden Depressionen Jüngerer indizierte Lithium als Langzeitvorbeugung darf bei Älteren nur eingesetzt werden, wenn auch leichtere Funktionsstörungen von Niere und Schilddrüse sicher ausgeschlossen sind. Nebenwirkungen von Lithium sind außer Nieren- und Schilddrüsenschädigung Hautausschläge, Muskelschwäche, Zittern, Krampfanfälle, Durst, EKG-Veränderungen und Delir. Wenn statt Lithium Tegretal gegeben wird, können folgende Nebenwirkungen auftreten: Herzrhythmusstörungen, Verwirrtheit, Unruhe, Kopfschmerzen, Schwindel und allergische Reaktionen.

8.3.4. Internistische Begleitbehandlung

Da ältere Depressive ihre depressiven Beschwerden oft hinter körperlichen Beschwerden verbergen im Sinne der larvierten Depression, suchen sie meist zuerst den Hausarzt oder Internisten auf. Bei der Multimorbidität Älterer wird der Arzt fast immer körperliche Veränderungen finden, die die Beschwerden erklären könnten. Deshalb erhält nur ¼ der Kranken eine depressionsspezifische Behandlung. Andererseits kann sich eine Depression nicht bessern, wenn die körperlichen Grundleiden, die die Depression verschlimmern, nicht ausreichend mitbehandelt werden. Bei der internistischen Begleitbehandlung sollten Pflegende und Ärzte darauf achten, daß die für die körperlichen Leiden eingesetzten Medikamente nicht die Depression verstärken, vgl. Seite 77.

Pflegende können eine gute Zusammenarbeit zwischen Psychiater und Internist zu Hause und im Heim fördern.

8.3.5. Schlafentzug

Ein totaler Schlafentzug (der Kranke bleibt 36 Stunden wach) ist für alte Depressive nicht empfehlenswert. Ein partieller Schlafentzug, d. h. der Kranke wird in der 2. Nachthälfte ein- bis dreimal wöchentlich beschäftigt, ist auch für Ältere geeignet, um den Kranken schnell zu bessern. Wenn die Behandlung mindestens sechsmal durchgeführt und Antidepressiva gegeben werden, lassen depressive Symptome nach oder verschwinden, tauchen aber schnell wieder auf. Der Schlafentzug kann dem Depressiven die Zeit überbrücken helfen, bis die Antidepressiva ihre stimmungsaufhellende Wirkung voll entfalten (nach Fähndrich 1987).

8.3.6. Lichttherapie

Die Lichttherapie wird bei Depressionen im Herbst und Winter eingesetzt. Wenn der Depressive wochenlang täglich vor- und nachmittags je ½ Stunde unter der Beleuchtung einer 10 000 Lux starken Speziallampe beschäftigt und gleichzeitig mit Antidepressiva behandelt wird, sind die Behandlungserfolge besser als bei einer ausschließlichen Behandlung mit Antidepressiva.

8.3.7. Elektrokrampftherapie

Elektrokramptherapie, EKT (nach Hirsch 1992, S. 178): Wenn verschiedene Antidepressiva nicht wirken oder wegen schwerer Nebenwirkungen nicht zu verantworten sind, den psychosozialen Möglichkeiten Grenzen gesetzt sind, ein gehemmt Depressiver einen unbeeinflußbaren nihilistischen Wahn oder einen depressiven Stupor hat, bleibt als letzte lebensrettende Möglichkeit die Elektrokrampfbehandlung, bevor ein Suizid in Kauf genommen wird. Für 1 bis 9 Sekunden wird Wechselstrom (100 V, 150 mA) durch den Kopf des vorher narkotisierten Kranken geleitet. Der ausgelöste epileptische Krampfanfall ist in 80 Prozent bei endogen-depressiv Älteren erfolgreich. In 30 Prozent treten Blutdruckschwankungen, Herzrhythmusstörungen, Gedächtnis-, Reaktions- und Geschicklichkeitsstörungen und Schwerbesinnlichkeit auf. Elektrokrampf wird nicht angewandt bei organischen Hirnschäden und schweren körperlichen Leiden.

8.4. Wie sollten Pflegende mit Depressiven nicht umgehen?

— Appellieren oder fordern Sie ihn nicht auf »Nur Mut!« »Reiß Dich zusammen!« oder »Werden Sie endlich aktiv!«
— Überfordern oder aktivieren Sie ihn nicht zu früh!
— Überreden Sie ihn nicht, in fröhliche Gesellschaft zu gehen!
— Raten Sie nicht zu lebenswichtigen Grundsatzentscheidungen wie Trennung, Scheidung oder Umzug!
— Reden Sie Schuldgefühle nicht aus!
— Versuchen Sie nicht, ihn zu trösten: »Es wird schon wieder besser!«
— Machen Sie keine Versprechungen: »Morgen geht es Ihnen besser!« Spielen Sie nicht zuviel Optimismus vor!
— Werden Sie nie ungeduldig und machen Sie ihm keine aggressiven Vorwürfe! Reagieren Sie nie ablehnend!
— Streiten Sie sich nicht mit ihm, wer recht habe!
— Lassen Sie ihn nie allein, besonders bei Suizidgefahr! Überwachen Sie nicht mißtrauisch! Tabuisieren Sie Suizidgedanken nicht, sondern sprechen Sie sie offen an!
— Schicken Sie ihn nicht in Ferien oder zur Kur, solange die Depression nicht abgeklungen ist!
— Spielen Sie sich nicht als großer Retter oder Erlöser auf!
— Umsorgen Sie ihn nicht übermäßig, weil er sonst immer hilfloser wird!
— Lassen Sie sich selbst nicht anstecken!
— Überschätzen oder überfordern Sie sich nicht selbst! Lernen Sie, mit eigenen Grenzen umzugehen, ohne zu resignieren!
— Übergehen Sie seine kleinen Erfolge nicht!
— Lehnen Sie Hilfe von Kollegen nicht ab!

9. Wie sind alte Depressive zu pflegen?

Die Pflege aller psychisch Kranken ist eine mehrdimensionale Begleitung. **Ziele der Pflege** sind:

— die Menschenwürde zu achten,
— die Lebensqualität zu verbessern,
— individuell je nach Biographie zu fördern,
— Selbsthilfe und Selbständigkeit zu erhalten und
— Beziehungen und soziale Integration aufzubauen und zu erhalten.

Voraussetzungen für die Pflege psychisch Kranker sollten Antworten auf folgende Fragen sein:
— Kann ich mich einfühlen, meine Anteile wahrnehmen?
— Kann ich den Kranken vollständig mit seinen Restfähigkeiten sehen?
— Kann ich wahrhaben wollen, daß seine psychische Erkrankung auch von meiner Beziehung zu ihm abhängt?
— Kann ich Angehörige, Mitbewohner und Mitarbeiter einbeziehen?

Grundsätze einer mehrdimensionalen Begleitung in der Pflege alter psychisch Kranker sind:
— Sorge für körperliche Grundbedürfnisse und Leiden,
— Sorge für emotionales Wohlbefinden,
— Sorge für geistiges Training und religiöse Bedürfnisse,
— Sorge für Akzeptanz, für Beziehung und soziale Integration und
— Sorge für orientierungserleichternde Umgebung.

Die mehrdimensionale Begleitung psychisch Alterskranker wird mit dem AEDL nach Krohwinkel (1988) verwirklicht. AEDL bedeutet mit Aktivitäten und existentiellen Erfahrungen des Lebens umgehen. Frau Krohwinkel hat das Pflegemodell von Roper um die Aspekte »soziale Bereiche des Lebens sichern« und »mit existentiellen Erfahrungen des Lebens umgehen« erweitert. In der folgenden Übersicht werden die Bereiche zusammengefaßt:

Aktivitäten und existentielle Erfahrungen des Lebens, AEDL nach Krohwinkel (1988):

1. Kommunizieren
2. sich bewegen
3. vitale Funktionen des Lebens aufrecht erhalten
4. sich pflegen
5. essen und trinken
6. ausscheiden
7. sich kleiden
8. ruhen und schlafen
9. sich beschäftigen
10. sich als Frau oder Mann fühlen und verhalten

11. für eine sichere Umgebung sorgen
12. soziale Bereiche des Lebens sichern
13. mit existentiellen Erfahrungen des Lebens umgehen:
    — die Existenz gefährdende Erfahrungen
    — die Existenz fördernde Erfahrungen
    — Erfahrungen, welche die Existenz fördern oder gefährden.

Frau KROHWINKEL will Pflegequalität entwickeln in Kontext ganzheitlich rehabilitierender Prozeßpflege in den Hauptverantwortungsbe-

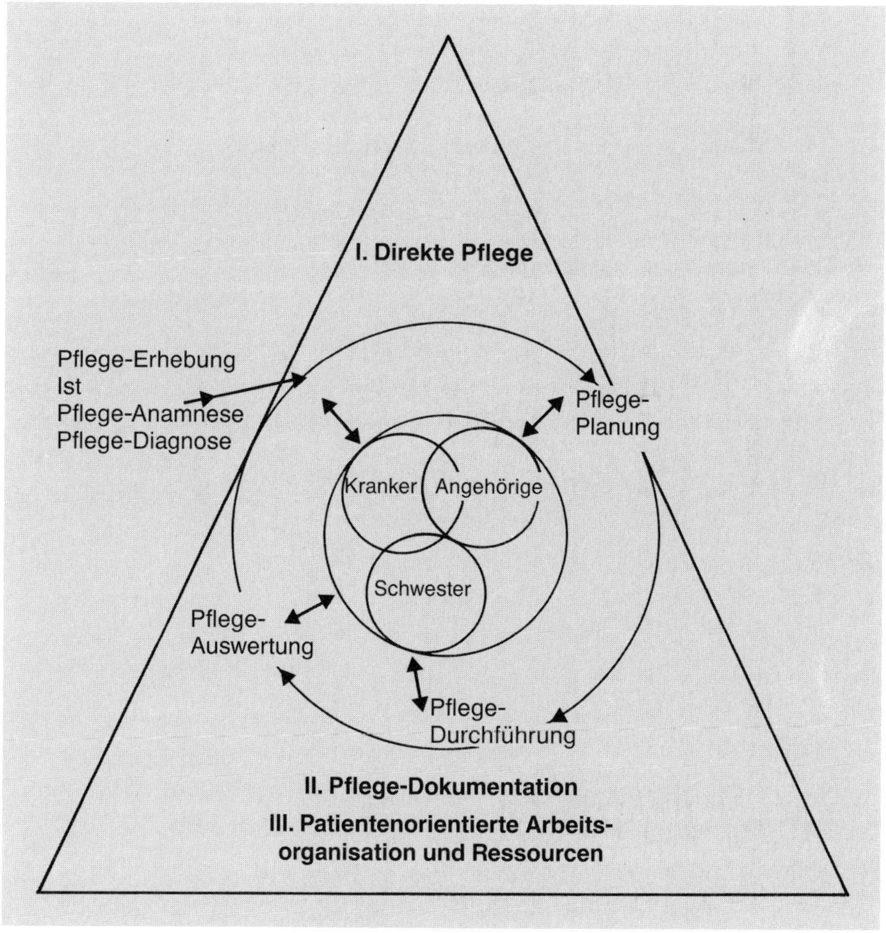

Abb. 35: Rehabilitierende Prozeßpflege (verändert nach KROHWINKEL 1988)

reichen der Pflege: Direkte Pflege, Pflegedokumentation und Pflegeorganisation, wie es Abbildung 35 (verändert nach KROHWINKEL 1988) darstellt.

In der folgenden Abbildung wird versucht, AEDL nach der bekannten Bedürfnispyramide nach MASLOW zu ordnen.

Grundbedürfnisse nach Maslow	Aktivitäten und existent. Erfahrungen des Lebens, AEDL	Pflegeplanung
Ich-Bedürfnisse - Transzendenz - Selbstbestimmung	mit existentiellen Erfahrungen des Lebens umgehen	
soziale Bedürfnisse - Zuwendung - Zugehörigkeit - Wertschätzung	kommunizieren sich als Frau, Mann fühlen, verhalten soziale Bereiche des Lebens sichern sich beschäftigen	individuelle
eistentielle Bed. - Sicherheit - physiologische Grundbedürfnisse	für sichere Umgebung sorgen sich bewegen sich kleiden sich pflegen essen und trinken ausscheiden ruhen und schlafen vitale Funktionen des Lebens aufrecht erhalten	standardisierte

Abb. 36: AEDL nach den Grundbedürfnissen geordnet

Die Pflege von alten Depressiven nach AEDL sollte berücksichtigen, daß der Kranke um so hilfloser, d. h. depressiver wird, je bemutternder die Pflegenden pflegen.

A. Physiologische Grund- und Sicherheitsbedürfnisse

1. Vitale Funktionen des Lebens aufrecht erhalten

Pflegende können durch Atemübungen dem Depressiven helfen, sich wieder als lebendig zu erfahren, tiefer durchzuatmen und dadurch körperliche Aktivitäten ermöglichen. Durch Kreislauftraining wird der Kranke ermutigt, sich mehr zu bewegen. Abhärtende Maßnahmen fördern die Körpererfahrung, beugen der durch Immobilität bedingten Widerstandslosigkeit vor, regen Atmung und Kreislauf an und aktivieren. Bei stuporösen bettlägerigen schwer Depressiven führen Pflegende die entsprechenden Prophylaxen z. B. gegen Dekubitus, Pneumonie, Thrombosen, Kontrakturen, Inkontinenz usw. durch.

Pflegende überwachen die Einnahme der Antidepressiva, informieren sich über mögliche Nebenwirkungen, beobachten sorgfältig und schreiben alle Neben- oder Wechselwirkungen mit anderen Medikamenten in der Pflegedokumentation auf. Sie überprüfen, ob andere Medikamente oder Selbstmedikation die Depression verschlimmern können. Sie vermitteln eine internistische Begleittherapie bei Multimorbidität und klären den Kranken über andere körperliche Behandlungsmethoden auf.

2. Ruhen und schlafen

Pflegende sorgen für Entspannung, indem sie Autogenes Training, progressive Muskelentspannung und Atemgymnastik empfehlen und vermitteln. Sie bemühen sich um entspannende Wärmetherapie mit Rotlicht, Heißluft oder Mikrowelle, ohne damit mitmenschliche Wärme ersetzen zu wollen. Sie lassen Massagen als Streicheleinheiten gerade für die Depressiven verordnen, die Streicheln infolge ihres strengen Gewissens nicht zulassen können. Sie reiben dem Depressiven regelmäßig abends den Rücken ein, um ihm mit intensiver Zuwendung zu helfen, den eigenen Körper wieder zu akzeptieren und lieb zu haben. Sie sprechen mit dem behandelnden Arzt, ob Elektrotherapie z. B. mit Mikrowellen oder Ultraschall zur Entspannung beitragen kann. Pflegende geben dem agitiert Depressiven mit Wickeln oder Packungen oder mit warmen Vollbädern mit Zusätzen von Kräutern oder Brombaldrian die Chance, sich zu beruhigen und besser zu schlafen. Für gehemmt Depressive sind eher Güsse, Sauna, Luftsprudelbäder oder Unterwassermassagen geeignet.

Pflegende sorgen für Ermüdung durch sinnvolle Beschäftigung oder Arbeit. Bei Schlafstörungen nehmen sie sich Zeit, vor dem Einschlafen Gespräche zu führen, den Schlaf z. B. mit Melissentee oder pflanzlichen Schlafmitteln anzustoßen und Einschlafrituale des Kranken zu beachten. Wenn cin partieller Schlafentzug im Anfang der Depressionsbehandlung durchgeführt werden soll, müssen sich Nachtwachen überlegen, wie sie den Kranken in dieser Zeit sinnvoll vom Grübeln ablenken oder beschäftigen können.

3. Ausscheiden

Pflegende sorgen mit natürlicher Lebensweise, viel Bewegung und mit pflanzlichen Abführmitteln für regelmäßige Verdauung, weil Depressive infolge der Depression und infolge trizyklischer Antidepressiva häufig verstopft sind. Bei schwer Depressiven beugen Pflegende einer Inkontinenz vor durch Beckenboden-, Geh- und Ausziehtraining, durch leicht zu öffnende Kleidung und Verkürzung des Weges zur Toilette.

Pflegende beachten Ausscheidungsgewohnheiten und Scham, enttabuisieren die Inkontinenz und informieren über Hilfen, weil Depressive leicht unter Schuldgefühlen leiden, sich selbst aufgeben oder den letzten Rest an Selbstwertgefühl verlieren, wenn sie plötzlich die Blasenentleerung nicht mehr steuern können. Pflegende sprechen offen über Ekel und pflegen die Haut sorgfältig, damit sich der Kranke selbst akzeptieren kann.

4. Essen und Trinken

Pflegende motivieren den Depressiven immer wieder, die Nahrung selbst zuzubereiten, um Hilflosigkeit zu vermeiden. Sie loben den Depressiven, wenn er kleinste Erfolge erreicht, z. B. sich die Schnitte wieder allein schmiert. Die selbständige Essensvorbereitung ist ein gutes Beispiel für eine Pflegeplanung in kleinsten Schritten. Kohlenhydrat-, Haferflocken (Vitamin-B-) und schlackenreiche (wegen der Verstopfung) Kost bessert die Depression. Eiweiße sollten eingeschränkt werden, bei Behandlung mit MAO-Hemmern darf Käse nicht gegessen werden. Pflegende beachten die bisherigen Eßgewohnheiten. Antidepressiva und Depression machen einen trockenen Mund. Pflegende sorgen für Lieblingsgetränke und 2 l Flüssigkeit täglich, besonders wenn der Depressive die Nahrung verweigert. Einen Depressiven, der nicht essen will, sofort mit einer PEG zu versorgen, ist Gewalt in der Pflege.

5. Sich pflegen

Pflegende halten sich in der Körperpflege zurück, damit sich der Depressive selbständig wäscht, die Zähne putzt, die Haut eincremt, die Haare bürstet und kämmt, die Nägel und Füße selbst pflegt. Gehemmt Depressive neigen dazu, ihre Körperpflege zu vernachlässigen, weil sie sich selbst nicht mögen. Selbstpflege fördert Geschicklichkeit und Bewegung, regt Atmung und Kreislauf an und ermöglicht, den Körper nicht nur als schmerzhaft, sondern als angenehm zu erfahren. Mit parfümierten Seifen oder Parfüm kann sich der Depressive, besonders wenn er leicht inkontinent ist, wieder riechen, d. h. sich selbst akzeptieren. Auch mit Make up oder Schmuck kann das Selbstwertgefühl aufgerichtet werden. Wenn ein schwer Depressiver sich nicht mehr selbst pflegt, achten Pflegende auf Waschrituale, sein Schamgefühl und auf sein Anklammerungsbedürfnis. Fußpflege kann mit Fußreflexzonenmassage die Stimmung verbessern.

6. Sich kleiden

Pflegende trainieren mit dem Kranken das Aus- und Anziehen und den Wäschewechsel, damit er sich nicht in der Körperhygiene vernachlässigt, seine Selbständigkeit, Geschicklichkeit und Beweglichkeit erhält. Weil ältere depressive Frauen oft dunkle Kleidung bevorzugen, sorgen Pflegende für helle, farbenfrohe und schöne Kleidung, um das Selbstwertgefühl und die Selbstakzeptanz des Depressiven zu fördern, z. B. auch mit frisch duftender Wäsche. Mit leicht zu öffnender Kleidung, z. B. mit Klettverschluß, beugen sie einer Inkontinenz vor.

Gehemmt Depressive brauchen warme Kleidung, weil sie leicht frieren. Pflegende sollten Bekleidungsrituale und Sonderwünsche berücksichtigen.

7. Sich bewegen (vgl. Bewegungstherapie S. 71)

Pflegende motivieren den Depressiven zur Bewegung, indem sie das angenehme Gefühl bei Bewegung erleben lassen, die positive Körpererfahrung ansprechen, für eine entspannte, freundliche Atmosphäre sorgen und jeglichen Leistungsdruck oder Vergleich mit anderen vermeiden. Pflegende können die Bewegung fördern mit Spaziergängen, mit Gymnastik nach Musik, mit Seniorentanz, einfachem Sport und mit Bewegungsübungen mit Geräten, z. B. Bällen, Seilen, Reifen, Schaukelstuhl usw. Gruppenübungen fördern die Motivation zur Bewegung mehr als Einzelübungen. Ohne Bewegungsübungen können Pflegende nur schwer zu selbständigen Aktivitäten des täglichen Lebens aktivieren. Ausgehen können Pflegende mit sicheren Gehhilfen fördern. Bei Rückzug des Depressiven ins Bett müssen Pflegende die Prophylaxen beachten und Immobilität zu verhindern versuchen.

8. Für sichere Umgebung sorgen

Depressive sollten sich in ihrer Umgebung und in ihren Gewohnheiten sicher und geborgen fühlen können. Absprachen sollten Pflegende verläßlich einhalten. Sie sollten für sichere Antidepressivaeinnahme sorgen und mit dem Arzt sprechen, um Nebenwirkungen einzuschränken. Mit mehr Licht und einer Dämmerleuchte nachts erhellen sie nicht nur die Umgebung, sondern helfen, Unfälle zu verhindern. Pflegende bemühen sich um eine freundliche Atmosphäre, z. B. mit Zimmerschmuck oder Blumen, um Freude abzusichern. Pflegende sichern Treppen und Elektrogeräte. Sie vereinfachen die Umgebung, ordnen sie übersichtlich an und sorgen für eine orientierungserleichternde Umgebung, damit sich Depressive möglichst lange selbständig zurechtfinden und sich nicht als Versager erleben.

B. Soziale Bedürfnisse

9. Sich beschäftigen (vgl. Beschäftgungstherapie S. 65):

Mit Beschäftigung und Arbeit erlebt der Depressive Sinn, kleine Erfolge und Freude. Hauswirtschaftliche, handwerkliche Tätigkeiten, kreative Hobbies oder Sorge für Haustiere lenken ihn vom Grübeln ab, entspannen und regeln alle Sinne an. Kleinste Aufgaben, die Pflegende dem Depressiven zumuten, stärken sein Selbstwertgefühl. In der Beschäftigung kann er neue Möglichkeiten entdecken, die ihm Spaß machen. Pflegende dürfen keinen Leistungsdruck ausüben und sollten die Tätigkeit an sich, nicht das Produkt anerkennen und loben. Pflegende können den Depressiven zur Beschäftigung um so leichter motivieren, je mehr sie mit ihm gemeinsam nach einer Aktivität suchen, die für ihn sinnvoll ist und ihm Freude bereitet.

10. Soziale Bereiche des Lebens sichern

Pflegende sollten für den Depressiven zu einer konstanten Bezugsperson werden, ohne ihn von sich abhängig und damit hilfloser zu machen. Sie hören ihm zu, fühlen sich ein und akzeptieren den Kranken so, wie er ist. Pflegende bleiben echt und wahrhaftig, führen ihn konsequent, besonders wenn er sich zu gefährden droht, besuchen ihn verläßlich und regelmäßig und integrieren ihn in Sympathie- oder Selbsthilfegruppen. Das Pflegeteam sorgt für Hoffnung, für freundlichen Umgang und für Krisenintervention bei Suizidgefahr.

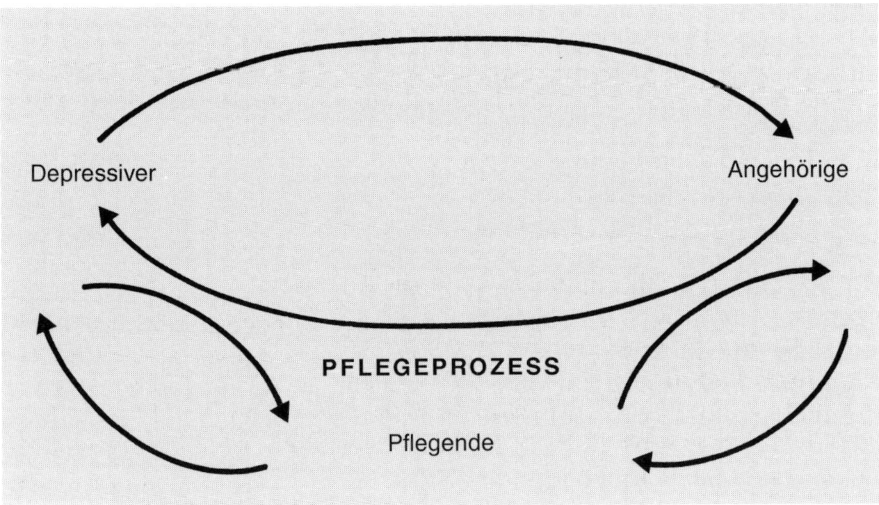

Abb. 37: Wechselseitige Interaktionen im Pflegeprozeß

Pflegende ziehen die Angehörigen mit ein, versuchen sie von Schuld zu entlasten und vor einer Ansteckung durch Depression zu schützen. Pflegende beachten die wechselseitigen Interaktionen in der Dreierbeziehung Depressiver, Angehörige und Pflegende in dem ständigen Pflegeprozeß, wie es folgende Abbildung zu verdeutlichen versucht.

11. Sich als Frau oder Mann fühlen und verhalten

Pflegende erhalten die Rollenidentität als Frau oder Mann mit Frisur oder Schmuck, respektieren das Schamgefühl beim Waschen, Baden, bei der Intimpflege und beim Kontinenztraining. Die Bedürfnisse nach Zärtlichkeit, Erotik und Sexualität, z. B. in Selbstbefriedigung, dürfen weder tabuisiert, noch lächerlich gemacht, noch moralisch verurteilt werden, um den Depressiven vor weiteren Schuldgefühlen und vor Suizid zu schützen.

12. Kommunizieren

12.1. Verbales Kommunizieren

Pflegende ermutigen den Depressiven, Negatives auch positiv wahrzunehmen, Gefühle wie Trauer, Wut, Schuld, Scham, Angst vor Versagen zu äußern. Sie ermuntern ihn zu kleinen Zielen, Erfolgen und zu mehr Selbstliebe. Sie achten und wertschätzen den Depressiven, zeigen ihm aber auch eigene Grenzen des Verstehens und der Hilfsmöglichkeiten auf. Vorbildhaft sprechen Pflegende grundsätzlich per »Ich« und nicht vereinnahmend per »wir« oder unpersönlich »er/sie«.

12.2. Nonverbales Kommunizieren

Pflegende geben Nähe mit Blicken, ignorieren depressives Verhalten und anerkennen nichtdepressives Verhalten, indem sie dem Depressiven zulächeln, ihn berühren, in den Arm nehmen, die Hand auf seine Schulter oder auf seine Stirn legen und ihn mit warmer Stimmlage ansprechen. Pflegende sollten dabei echt, wahrhaftig, authentisch bleiben, ohne ihm etwas vorzuspielen.

C. Ich-Bedürfnisse

13. Mit existentiellen Erfahrungen des Lebens umgehen

13.1. Bei gefährdenden Erfahrungen wie Verlusten, Sorgen und Angst sollten Pflegende die Mut-, Hoffnungslosigkeit oder Verzweiflung und die Suizidgefahr offen ansprechen und die Krise aufzufangen versuchen. Bei Selbstgefährdung durch Suizid klären die Pflegenden unterbringungsähnliche Maßnahmen oder freiheitsentziehende Unterbringung in einer Depressionsstation einer psychiatrischen Klinik nach dem neuen Betreuungsgesetz. Zur Krisenintervention siehe Seite 97.

13.2. Pflegende **fördern** Vertrauen, Zuversicht, Hoffnung, Freude und Wohlbefinden durch Erleben von Musik, Kunst und Natur und erkunden frühere Ressourcen der Freude. Sie regen den Depressiven an, eine positive Biographie aufzuschreiben mit erfreulichen Erlebnissen und Erfolgen, täglich ein positives Tagebuch zu führen und 3 Listen zur Selbstverstärkung zu erstellen:

a) Eine Liste positiver Aktivitäten, um sich selbst wieder positiv und nicht nur auswählend negativ zu sehen,
b) eine Liste positiver Eigenschaften, um sich selbst nicht als schuldig oder als Versager, sondern wieder positiv zu bewerten,
c) eine Liste eigener Belohnungen, um die Selbstbestrafungen zu beenden.

Pflegende können im Sinne der kognitiven Verhaltenstherapie helfen, positive Aktivitäten aufzubauen, falsche Denkmuster zu verändern und soziale Fertigkeiten zu verbessern, indem sie mit ihm täglich Tätigkeiten trainieren, die der Kranke als angenehm erlebt. Pflegende können in der Pflegeplanung mit dem Kranken einen Tagesplan und später einen Wochenplan erstellen, um unangenehme Aktivitäten durch aktive zu ersetzen. Pflegende helfen ihm, das Tagesprotokoll mit den 5 Spalten (Gefühle, Denkmuster, Überzeugung, angemessene Überlegungen und daraus folgende Gefühle, siehe Seite 61) sorgfältig zu führen.

Tabelle 15: Unterschiede zwischen berechtigten und unberechtigten Schuldgefühlen

unberechtigte Schuldgefühle	berechtigte Schuldgefühle
bei unbeeinflußbaren bio-psycho-sozialen Faktoren oder verminderter Schuldfähigkeit	wenn Verantwortung nicht übernommen wird trotz Freiheit
Schuldgefühle aus Irrtum/Abwehr: **DEPRESSION** Gewissensbisse bei zu strengem Gewissen, zwanghafte Schuldgefühle bei Selbstüberschätzung, ungelebtes Leben (Schatten) mit Krankheitsgewinn	objektive oder subjektive Schuld Einsicht
Hilfen: aussprechen lassen positiv denken und handeln Realität überprüfen, schuldfähig? nicht abwerten, nicht ausreden nicht verstärken Gott vergibt, z. B. Beichtgespräch	wiedergutmachen – am Geschädigten oder anderen – in sich gehen, bereuen Schuld im System verteilen nicht auf andere projizieren versöhnen statt strafen

13.3. Pflegende sprechen **fördernde und gefährdende** biographische Erfahrungen wie traumatische Erlebnisse ebenso an wie positive. Sie helfen dem Depressiven, in seiner Lebensgeschichte nicht nur Mißerfolge aneinanderzureihen, sondern erfreuliche Erlebnisse positiver als bisher zu bewerten. Pflegende können sein Selbstwertgefühl stärken, wenn sie alles betonen, was er bisher für andere getan und erreicht hat.

Pflegende sollten zuhören können, wenn der Depressive Schuldgefühle — fast immer unberechtigte — äußert. Den Unterschied zu berechtigten Schuldgefühlen zeigt die Tabelle auf Seite 88.

Pflegende sollten sich nicht scheuen, religiöse Bedürfnisse anzusprechen oder durch Seelsorger besprechen zu lassen, wenn sie sich selbst dazu nicht in der Lage fühlen. Sie können mit dem Depressiven nach einem Sinn für den Rest des Lebens suchen. Sie können mit ihm beten und ein Beichtgespräch vermitteln, damit der Depressive in der Barmherzigkeit Gottes von quälenden Schuldgefühlen befreit, sich selbst zu vergeben lernt. Pflegende sollten Depressive an Seelsorger vermitteln, die nicht Perfektionismus (»seid vollkommen wie Euer Vater im Himmel!«) verkünden, die Gläubigen als Sünder einschüchtern und mit Höllenstrafen bei Versagen drohen, sondern die versöhnende Liebe und Barmherzigkeit Gottes (»seid barmherzig wie Euer Vater im Himmel!« Lukas 6,36) predigen. Der Glaube an den verzeihenden und liebenden Gott ist für manchen Depressiven die Grundlage für eine letzte Hoffnung und ein wirksamer Schutz vor einem Suizid.

10. Wie können Pflegende Komplikationen vermeiden helfen?

Die wichtigsten zu vermeidenden Komplikationen der Altersdepression sind Chronifizierung bisher therapieresistenter Depressionen und Suizid.

10.1. Chronifizierung bei Therapieresistenz

Depressionen im Alter neigen zur Chronifizierung. HINTERHUBER (1989) hat die Faktoren eines fehlenden Behandlungserfolges bei depressiven Syndromen im Alter zusammengestellt. Er interpretiert chronische, bisher therapieresistente Depressionen als gemeinsame Endstrecke verschiedener biologischer, sozialer, psychologischer und pharmakologischer Störfaktoren in der Tabelle 16.

Seit Jahren chronifizierte psychogene Depressionen werden im Alter durch Versagensängste, Verluste von Bezugspersonen, von Status,

Tabelle 16: Ursachen eines fehlenden Behandlungserfolges
nach Hinterhuber, in M. Bergener: Depressive Syndrome im Alter. Stuttgart 1989, S. 241

biologische	soziale	psychische/ psychiatrische	pharmakogene Faktoren
hohes Alter	Lebensereignisse Rollenverluste im sozialen Umfeld	falsche Diagnose	unpassende Behandlungskonzepte
hirnorgan. Psychosyndrom	Änderung der sozio-ökonomischen Verhältnisse	fehlende Compliance unrealistische Erwartungen	unzureichende Dosierung und Therapiedauer zu hohe Dosierung
gleichzeitig Alzheimer oder Multi-Infarkt-Demenz	aktuelle Verlusterlebnisse: Tod von Verwandten, Freunden, Wiederaufleben früherer Verluste	fehlende Arzt-Patient-Beziehung	pharmakokinetische Besonderheiten
Multimorbidität	Therapieablehnung durch die Umgebung	depressive Persönlichkeitszüge	Interaktion von Antidepressiva mit anderen Medikamenten
Eisenmangel-Anämie	Einstellung der Familie gegen die Therapie	depressive Neurose	Enzymanregung
Vitamin-Mangel	störende Lebensgewohnheiten		fehlende oder mangelnde Einnahme

Gesundheit und Selbständigkeit, auch durch Angst vor Pflegebedürftigkeit immer schwerer beeinflußbar.

Pflegende können eine Chronifizierung verhindern helfen, indem sie die Depression früh erkennen, aktuelle Verlusterlebnisse betrauern lassen, früh eine psychiatrische und internistische Behandlung veranlassen, die Antidepressivaeinnahme überwachen und mit therapieablehnenden Angehörigen sprechen.

10.2. Wie ist ein Suizid im Alter zu verhindern?

10.2.1. Wie häufig sind Suizide im Alter?

Der Anstieg der Suizidrate im Alter ist bekannt. Die Dunkelziffer ist hoch, weil sich indirekte suizidale Handlungen hinter anderen Todesursachen in der Statistik verbergen. Der hohen Suizidrate der über 70jährigen Männer steht ein Anstieg der Suizidrate älterer Frauen gegenüber. An allen Suiziden von Frauen stellen die über 60jährigen 48 Prozent (nach SCHMIDTKE und WEINACKER 1991). Nach der folgenden Abbildung ist der Anteil der 80jährigen Männer an dem Gesamtanstieg der Suizidrate im Alter besonders hoch.

Wie ernst es ältere Menschen meinen, geht aus der geringen Zahl der Suizidversuche gegenüber vollendeten Suiziden hervor. Als Methode überwiegen bei Männern das Erhängen, bei Frauen Vergiftungen.

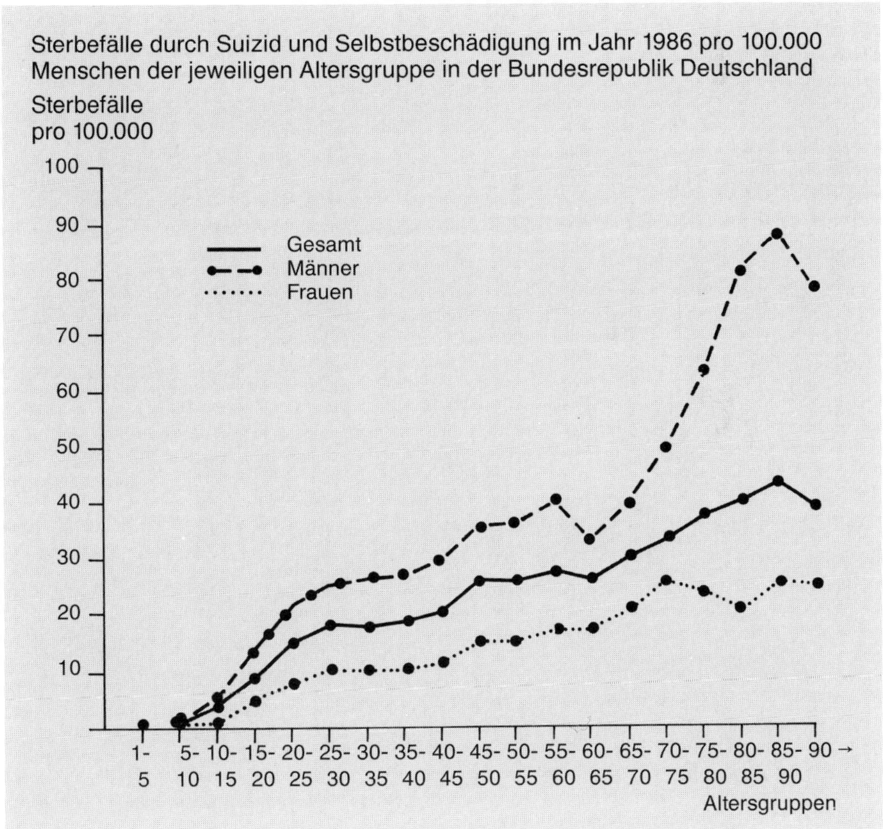

Abb. 38: Anstieg der Suizide im Alter (nach Dt. Ärztebl. 86, Heft 49, 7. Dezember 1989, C-2230)

10.2.2. Wie wird der Suizid im Alter erklärt?

Nicht jeder, der sich im Alter umbringt, ist depressiv und nicht jeder Altersdepressive ist suizidal. Aber depressive Ältere sind mehr als andere suizidgefährdet (VOGEL und WOLFERSDORF 1989). Folgende Erklärungsversuche können diskutiert werden:

1. Individuelle:

a) Ein Mangel an Neurotransmittern, besonders an Serotonin und Endomorphinen, ist nachgewiesen.

b) Psychiatrische Erkrankungen:
— Depressionen fanden sich bei 75 Prozent der älteren Suizidenten (nach DANKWARTH und PÜSCHEL 1991). Ältere Depressive wünschen häufiger den Tod als jüngere Depressive. Schwer gehemmt Depressive können sich nicht klar für Leben oder Tod entscheiden, sie sind fatalistisch, der Suizident ist noch entscheidungs- und entschlußfähig (OESTERREICH 1992).
— RINGEL hält den Suizid für den Endpunkt einer neurotischen Lebensverunstaltung.
— Die Multimorbidität trägt zur Verzweiflung bei, wenn Pflegebedürftigkeit oder unheilbare Krankheit dem alten Menschen den letzten Lebenssinn nehmen.

c) Die tiefenpsychologische Erklärung des Suizids als narzißtische Krise (nach HENSELER) läßt die meisten Suizide im Alter verständlich werden. Nicht schwerwiegende kritische Lebensereignisse müssen einem Suizid vorausgehen, sondern oft genügen Kränkungen, die das Selbstwertgefühl des Älteren so verletzen, daß er glaubt, nicht weiter leben zu können. Perfektionistische Depressive sind im Alter über eigenes Versagen so enttäuscht von sich selbst, so gekränkt, daß sie den Boden ihres Selbstwertgefühls verlieren und keinen anderen Ausweg als den Suizid sehen, um sich vor weiteren Kränkungen zu schützen. Sie sagen z. B. »Ich habe alles versucht, mehr kann ich nicht mehr«.

d) Identitätsverlust im Alter kann zur suizidalen Entwicklung im Alter beitragen. Ältere werden in jeder der 5 Identitätssäulen beeinträchtigt:
Sie sind körperlich vielfach krank (gestörte Leiblichkeit), sie verlieren das tragfähige soziale Netz, sie können immer weniger arbeiten und leisten in unserer Leistungsgesellschaft, sich nicht mehr nützlich machen, sie verlieren ihre materiellen Ressourcen, ihre Ersparnisse und ihre Wert- und Sinnorientierung, wie folgende Abbildung darzustellen versucht.

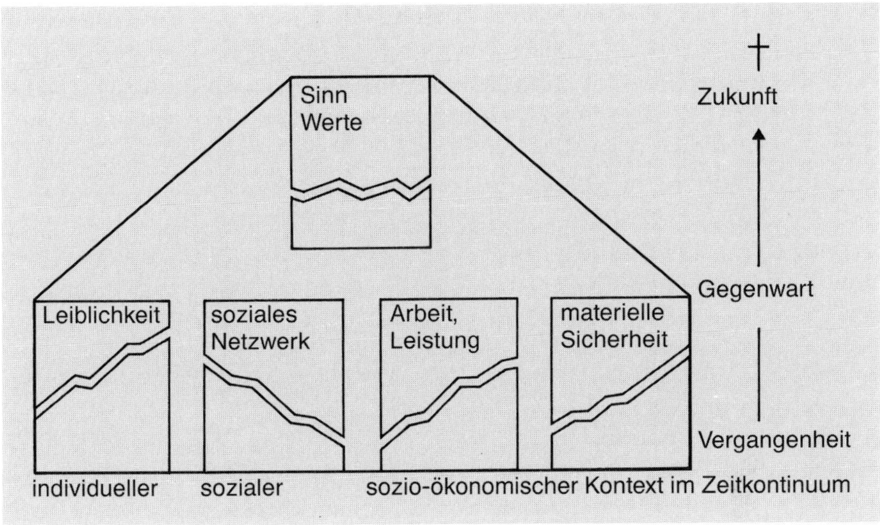

Abb. 39: Angebrochene Identitätssäulen als Suizidfaktoren

e) Sozialpsychologisch wird der Suizid Älterer verständlich aus lebensgeschichtlich erlernter und depressiv getönter negativer Bewertung von Krisenerlebnissen. Einsamkeitsgefühle und vor allem Beziehungsstörungen zum Partner und zu den Kindern sind wichtige suizidauslösende Konfliktbereiche (nach Bron 1992).

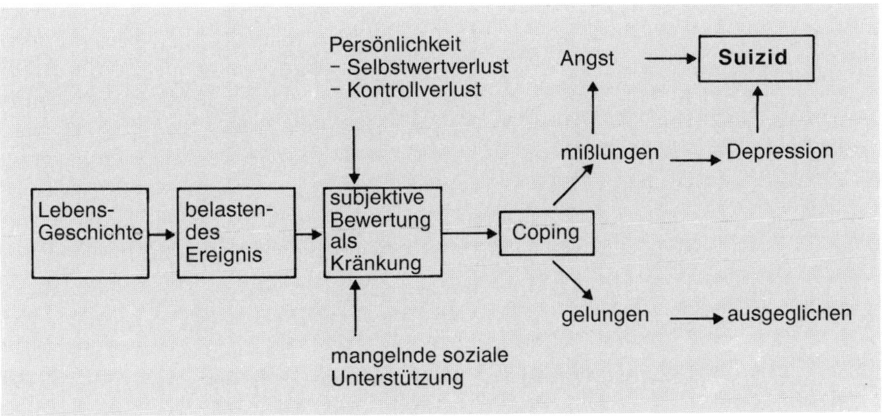

Abb. 40: Entwicklung zum Alterssuizid als Prozeß

f) Nach dem Prozeßmodell (verändert nach ERLEMEYER 1988) kann die Entwicklung zum Alterssuizid wie in Abbildung 40 dargestellt werden.

Im Prozeßmodell von ERLEMEYER ist der Suizid das Ergebnis folgender 5 Entwicklungen: Biographie, belastendes Ereignis, subjektive Bewertung, Persönlichkeit und Einsamkeit.

g) Die Bedeutung des Glaubensverlustes wurde bisher kaum berücksichtigt. Ältere, die keinen Halt mehr in einer festen Weltanschauung haben, können auch nicht mehr hoffen. Sie finden in ihrem Leben keinen Sinn mehr und verzweifeln. Glaubensverlust bedingt Hoffnungslosigkeit, die durch Depression verstärkt wird.

2. Soziale Erklärungsversuche des Alterssuizids:

Die Suizidrate Älterer — bei Männern 2- bis 3mal so hoch wie bei Frauen — ist um so höher, je schwächer das verwandtschaftliche Bezugssystem und je geringer die Integration in Vereine ist (BOCK und WEBBER 1972). Der Verlust der Bezugsperson durch Trennung oder Scheidung fördert eher einen Suizid von älteren Männern als von Frauen, die doch 6 von 7 Ein-Personen-Haushalten im Alter führen.

3. Gesellschaftliche Faktoren, die zum Suizid im Alter beitragen, werden oft verschwiegen. Heute alte Menschen sind so erzogen, daß sie anderen nicht zur Last fallen dürfen. Politiker sprechen immer wieder von Altenlast. Der Suizid eines alten Menschen wird eher als Bilanz- oder Freitod interpretiert und deshalb eher akzeptiert als der Suizid eines jüngeren Menschen, obwohl ¾ der älteren Suizidenten depressiv, d. h. verzweifelt sind. Bei einer Suiziddrohung erhalten Ältere weniger Zuwendung als Jüngere (REIMER 1982). Jüngere sind sich oft im unklaren, ob das Leben im Alter noch einen Sinn habe. Erwartet unsere Gesellschaft, daß sich Ältere umbringen, um die Gesellschaft zu entlasten?

Pflegende sollten sich in die Situation Älterer einfühlen können, um ältere Suizidgefährdete früh zu erkennen, sie besser aus dem biographisch gewordenen Geflecht individuell unterschiedlichster Faktoren zu verstehen und sie begleiten und schützen zu können, ohne sie moralisch als »Selbstmörder« abzuwerten oder zu verurteilen.

10.2.3. Wie können Pflegende abschätzen, daß ein alter Mensch oder Depressiver suizidgefährdet ist?

10.2.3.1. Ältere sind um so mehr suizidgefährdet, je mehr sie zu einer **Risikogruppe** gehören. Risikogruppen sind

— Ältere nach einem Suizidversuch und Angehörige eines Suizidenten,

— Ältere, die mit Suizid drohen,

— Depressive,
— Vereinsamte nach Verwitwung oder Pensionierung,
— unheilbar Kranke, Pflegebedürftige und Suchtkranke,
— Ältere in Krisen einer symbiotischen Beziehung.

10.2.3.2. In der letzten Phase einer **suizidalen Entwicklung** kann der Gefährdete für Pflegende wichtige Hinweise geben, wenn z. B. ein Älterer immer wieder mit Suizid gedroht hat und plötzlich nicht mehr davon spricht, weil er sich endgültig entschieden hat: »Ruhe vor dem Sturm«.

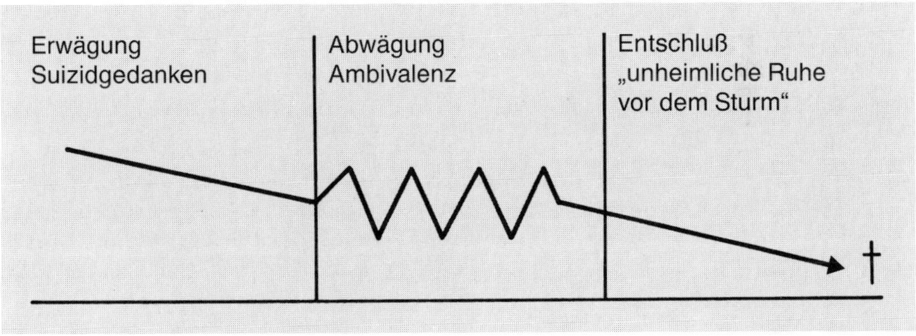

Abb. 41: Suizidale Entwicklung

10.2.3.3. Suizidhinweise

— Präsuizidales Syndrom nach RINGEL

1. Der Gefährdete ist eingeengt in der Situation, in zwischenmenschlichen Beziehungen, dynamisch (»Ich sehe keinen Ausweg mehr«) und in den Werten: »es ist alles wert-, sinnlos«.
2. Er staut seine Aggressionen, bis er sie gegen sich selbst richtet: Aggressionsumkehr besonders bei Depressiven.
3. Der Gefährdete phantasiert von seinem Suizid oder träumt von Selbstvernichtung oder Katastrophen.

— Unspezifische Hinweise sind nach LAUTER: Wer einen Suizid ankündigt, damit droht, einen Abschiedsbrief schreibt, konkrete Vorstellungen über die Art äußert, die Zukunft nicht mehr plant, frühere Suizide oder Suizide in der Familie oder Umgebung erlebt hat, ist gefährdet.
— Hinweise aus der Depression: Kranke sind im Anfang und beim Abklingen, im Beginn einer Behandlung mit antriebssteigernden Antide-

pressiva, bei lang anhaltender Schlafstörung, bei Schuld-, Verarmungs- oder Krankheitswahn und bei gleichzeitiger Sucht oder anderer unheilbarer Krankheit gefährdet.

— Hinweise aus den sozialen Bedingungen: Wer sich in einer Familie oder Gruppe, z. B. im Heim unerwünscht, abgewertet oder verfolgt fühlt, ist ebenso gefährdet wie vereinsamte Ältere nach Aufgaben- und Kontaktverlusten oder mit Geldsorgen.

— Hinweise aus der Helferbeziehung: Wenn die Beziehung des Pflegenden als Bezugsperson zum Depressiven nicht offen, nicht wahrhaftig noch tragfähig ist, ist der Kranke gefährdet.

Shneidman hat 10 Signale für Suizidabsichten zusammengestellt:

1. unerträglicher psychischer Druck oder Schmerzen,
2. frustrierte Bedürfnisse nach Sicherheit, Vertrauen, Liebe und Erfolg,
3. sucht vergeblich nach einer Lösung, Suizid als Ausweg,
4. versucht, Erleben und Denken zum Schweigen zu bringen,
5. hilf- und hoffnungslos mit Kränkungsgefühl,
6. eingeengt in den Alternativen,
7. Ambivalenz: »hilf mir, aber ich bin es nicht wert«,
8. verschenkt Dinge, regelt Angelegenheiten, droht,
9. schätzt Suizid als Kündigung statt Abschied ein,
10. floh früher oder gab vorschnell auf in der Biographie.

Erhöhtes Suizidrisiko ist anzunehmen (nach Rausch 1991):

— wenn Suizidabsichten nur gegenüber Dritten gesagt werden,
— wenn der Kranke nach einem Suizidversuch provozierend reagiert,
— wenn er mehr Gründe für das Sterben als für das Leben nennt,
— wenn Suizidgedanken länger dauern, täglich auftreten,
— wenn eine Depression beginnt oder abklingt,
— wenn starke Schuldgefühle den Depressiven belasten,
— wenn religiöse Bindung oder Kinder fehlen,
— wenn die Methode gut durchdacht und verfügbar ist,
— wenn eine Anleitung zum Suizid vorliegt,
— wenn er mutig und zur Durchführung fähig ist,
— wenn Vorbereitungen getroffen sind, wie z. B. Sammeln von Tabletten,
— wenn er gelassen und rational, ohne Gefühl argumentiert,
— wenn nach Drohungen ungewöhnliche Ruhe eintritt.

Indirekte Äußerungen sind versteckte Suizidhinweise (nach RAUSCH 1991):

»Ich falle jedem zur Last«, »Ich mache das nicht mehr mit«, »Meine Lage wird sich nie bessern«, »Ich möchte, daß das alles aufhört«, »Ich schaffe das nicht mehr«, »Wenn ich nicht mehr da bin ...«, »Die werden noch sehen ...«, »Die am Friedhof sind zu beneiden«, »Mein Leben ist sinnlos«, »Manchmal möchte ich nur noch schlafen«, »Vielleicht sehen wir uns nicht mehr«, »Ich danke für Ihre Mühe, Sie haben alles versucht«, »Man kann sich nicht einfach davonstehlen«, »Ich hasse dieses Leben«, »Wenn ich meinen Glauben nicht hätte, hätte ich schon aufgegeben«, »... dann ist es schon zu spät«, »Es gibt einen anderen Weg«, »Ich will einfach Ruhe haben, nichts mehr sehen und hören«, »Leben Sie wohl« statt »Aufwiedersehen«.

Pflegende, die einen Suizid fürchten oder erahnen, sollten sich nicht scheuen, die Suizidgefahr mit folgenden Fragen offen anzusprechen:

»Haben Sie daran gedacht, sich etwas anzutun?«
»Drängen sich solche Gedanken auf?«
»Wie würden Sie es tun?«
»Haben Sie mit jemandem darüber gesprochen?«
»Unterdrücken Sie Ihre Wut gegen jemanden?«
»Schränken Sie Ihre Interessen oder Kontakte ein?«

In welchen Situationen sollten Pflegende das Suizidrisiko einschätzen? Bei Suizidgedanken in einer Depression, während der Behandlung, nach einem Suizidversuch und bei unmittelbarer Drohung.

10.2.4. Wie können Pflegende einen Suizid im Alter verhindern helfen?

Einen Suizid zu verhindern, ist die wichtigste und schwierigste Aufgabe in der Pflege Depressiver. Noch ist wissenschaftlich nicht nachgewiesen, welche Maßnahmen suizidprophylaktisch wirksam sind. Die Beziehung hat eine größere Bedeutung als bestimmte Verfahren. FINZEN (1989) empfiehlt folgende Grundsätze:

1. Die Suizidgefährdung erkennen, heißt den Kranken befragen nach Suizidgedanken, nach früherem suizidalen Verhalten und nach seiner Lebensperspektive sowie Risikofaktoren zu identifizieren.
2. Alle an der Behandlung Beteiligten müssen über die aktuelle Suizidgefährdung informiert sein.
3. Die Depression ist mehrdimensional zu behandeln.
4. Die wichtigste Suizidvorbeugung ist die

   Krisenintervention:

— Pflegende nehmen Krisensymptome wahr:
  körperliche: Atemnot, Zittern, Schweißausbrüche, Unruhe;

psychische: der Kranke ist rat-, hilflos, gespannt, ängstlich, soziale: er bricht die Kommunikation ab und zieht sich zurück.

— Pflegende denken an die Suizidgefahr!

— Sie bauen eine tragfähige Beziehung auf, sie nehmen den Kranken ernst: »Ich akzeptiere Sie bedingungslos!« Sie nehmen sich Zeit, lassen ihn aussprechen: »Ich höre zu!«

— Pflegende entlasten von Gefühlsdruck, sie versuchen, den Kranken einfühlend zu verstehen, nicht zu bewerten, helfen ihm, zu weinen, Schwächen und Wut zu zeigen, legen die Hand zwischen seine Schultern oder lassen ihn auf ein Kissen schlagen.

— Pflegende können Verträge mit dem Gefährdeten abschließen, z. B. »Ich verspreche bis morgen am Leben zu bleiben, alle Möglichkeiten zu nutzen, egal wie ich mich fühle. Ich kann Sie jederzeit anrufen«. Pflegende sollten sich klar werden, ob sie diesen Vertrag nur zur eigenen Beruhigung brauchen. Sie geben dem Kranken stellvertretend Hoffnung und Geborgenheit. Sie sprechen die Suizidgefahr offen im Hier und Jetzt an.

— Pflegende klären den kränkenden Anlaß oder den Auslöser der Krise, wer mitbeteiligt ist, welche Lösungen der Kranke bereits versucht hat und welche Möglichkeiten er hat, sich selbst zu helfen oder andere Hilfe zu suchen.

— Pflegende bauen Brücken: Sie sprechen Termine ab, die sie verläßlich einhalten, geben Hausaufgaben, z. B. eine Pro-Contra-Liste zu erstellen und Gedanken zu der Frage zu notieren: »Wie geht Ihr Leben weiter?« und »Welcher Teil Ihrer Person übernimmt Verantwortung?« Pflegende ermöglichen Trauerrituale, positive Erfahrungen mit dem Körper, mit Musik, mit Entspannung, mit inneren Bildern und Phantasiereisen zur inneren Befreiung. Sie bemühen sich, die Rahmenbedingungen umzudeuten.

— Pflegende suchen nach einem Sinn der Suizidgedanken: will der Depressive nur Ruhe, appelliert er, ruft er um Hilfe oder will er etwas vermeiden? Wozu will er Hand an sich legen? Pflegende zeigen einen Sinn und vor allem Vergebung in seiner Weltanschauung auf.

— Pflegende erstellen einen Hilfsplan mit dem Kranken und nicht für ihn. Sie erarbeiten kurzfristige Ziele, z. B. sich von der Krise zu distanzieren, die Beziehung zu klären, die Symptome zu erleichtern, Alternativen im Verhalten und in der Beziehung zu suchen. Sie besprechen mit dem Kranken, bis wann er was, wie und womit durchzuführen bereit und fähig ist. Welche Hilfssysteme, soziale Ressourcen und Bezugspersonen sind zu mobilisieren, welche Kontakte neu zu knüpfen oder wieder aufzunehmen? Die Pflegenden erarbeiten mit dem Depressiven die übergeordneten Ziele, das Selbst-

wertgefühl wieder aufzubauen und zu stabilisieren und Alternativen in der Selbsthilfe zu erproben.
— Pflegende bringen sich in der Krisenintervention als Person ein, relativieren sich selbst als Reflexionshilfe, lassen die Krise offen, vermeiden Ratschläge und Drohungen und suchen selbst nach Hilfe.
— Pflegende setzen sich für Nachsorge z. B. durch Gemeindeschwestern oder Sozialarbeiter ein, um die Selbsthilfemöglichkeiten zu stabilisieren und auszubauen. WEDLER faßt die Krisenintervention in 7 Schritten zusammen:

1. frühzeitig Kontakt aufnehmen und akzeptieren,
2. sich aussprechen lassen, zuhören,
3. soziale Beziehungen wiederherstellen,
4. psychosoziale Situation und Krise klären,
5. zur Weiterbehandlung motivieren und vermitteln,
6. in das psychosoziale Bezugssystem einordnen und
7. die Helferrolle relativieren.

Erste Hilfe in der suizidalen Krise sind folgende Fragen:
1. direkt offen ansprechen: »Wollen Sie das?«
2. »Warum und wozu?«
3. »Wann und wie?«
4. »Was hält Sie am Leben?«
5. »Wer kann Ihnen helfen?«
6. »Wer soll bei Ihnen bleiben?«

Wann sollten Pflegende auch eine **Klinikeinweisung** veranlassen?
1. nach einem vollzogenen oder nach einem wiederholten Suizidversuch,
2. wenn er nicht spricht, z. B. bei depressivem Stupor,
3. wenn er mit erweitertem Suizid droht (Fremdgefährdung!),
4. wenn eine Bezugsperson oder andere Hilfen fehlen,
5. wenn die Herausnahme aus dem Krisenfeld hilft.

Fehler im Umgang mit Suizidgefährdeten macht,
1. wer Trennungsängste, z. B. Wochenende und Urlaub, übersieht,
2. wer sich provozieren läßt, weil er den Kranken ablehnt,
3. wer das Bagatellisieren des Kranken mitmacht,
4. wer Aggressionen zu stark betont,
5. wer sich nach einem Vertrag sicher fühlt,
6. wer die Krisensituation ungenügend klärt.

Die Versorgungswege nach einem Suizidversuch stellt folgende Abbildung dar:

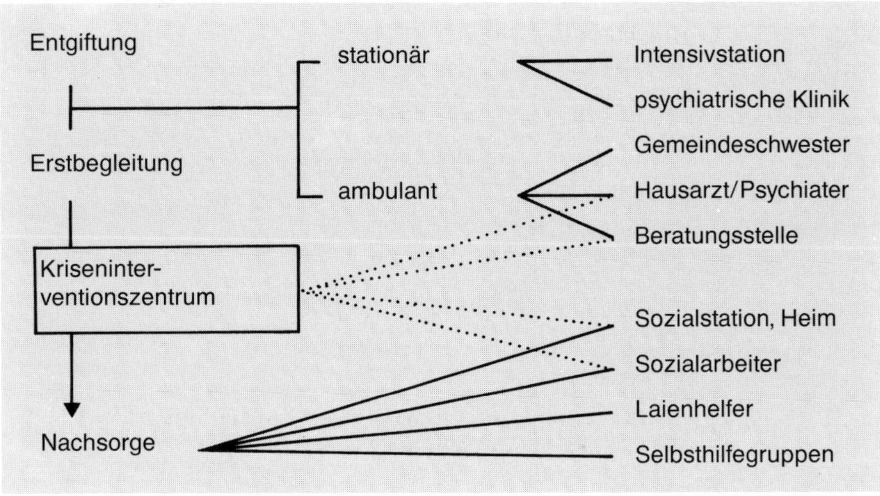

Abb. 42: Nachsorgewege nach Suizidversuchen

11. Wie ist Depressionen im Alter vorzubeugen?

Da viele Faktoren die Depression im Alter bedingen, auslösen und aufrechterhalten, ist sicheres Wissen darüber, was ein Alternder tun oder vermeiden muß, um nicht depressiv zu werden, noch nicht belegbar, auch wenn es vielversprechende Ansätze gibt. Keine einzelne Präventivmaßnahme ist hinreichend, sondern hilfreich sind individuell verschiedene Möglichkeiten, die Wohlbefinden und Lebensfreude möglichst lange erhalten. Pflegende sollten folgende Möglichkeiten der Primär-, Sekundär- und Tertiärprävention kennen.

Primärprävention = Vorbeugende Maßnahmen,
Sekundärprävention = Früherkennung und -behandlung,
Tertiärprävention = Verhinderung von Komplikationen und Rückfällen.

Jede Prävention sollte 4 Bereiche umfassen: körperliche, psychische, soziale und ökologische.

11.1. Primärprävention

11.1.1. Körperliche Primärprävention bedeutet Vorbeugung

gegen Faktoren, die zu somatogenen Depressionen beitragen. Da bei Schlaganfall, Multi-Infarkt-Demenz und arteriosklerotischem Parkinson depressive Syndrome häufig sind, muß Hirnarteriosklerose verhindert werden durch Vorbeugung gegen die Risikokrankheiten und verhaltensbedingten Risikofaktoren. Die bedeutendste Risikokrankheit ist der hohe Blutdruck, es folgen Herzkrankheiten, Diabetes, Blutfetterhöhung, Übergewicht und Gicht. Die letzten 4 lassen sich durch eine kalorisch knappe, an tierischen Fetten und an Purinen arme, kohlenhydratbeschränkte und ballaststoffreiche Ernährung günstig beeinflussen. Da Fehlernährung nicht nur zu Kreislauferkrankungen führt, sondern Vitamin-B-Mangel den Neurotransmitterstoffwechsel Alternder stört, kann eine Vitamin-B-reiche Kost einer Depression im Alter vorbeugen helfen.

Die verhaltensbedingten Risikofaktoren wie Nikotin- und Alkoholmißbrauch, Bewegungsmangel und Dauerstreß sind vermeidbar. Da Bewegungsmangel im Alter zu zunehmender Abhängigkeit und Hilflosigkeit beiträgt, ist Bewegungstraining mit körperlicher Betätigung, Gymnastik und leichtem Sport gegen Depressionen wirksam.

Dauerstreß kann Blutdruck, Blutzucker und Blutfette erhöhen, Hirninfarkte begünstigen, zum Rauchen verleiten und auch durch dauernd erhöhte Cortisonausschüttung zur Depression beitragen. Dauerstreß ist von vielen Faktoren abhängig, wie z. B. von der Verarbeitung von Lebensereignissen, -krisen und Verlusten in der bisherigen Biographie, von Fehleinstellungen, d. h. von kognitiven und emotionalen Faktoren wie Enttäuschungen, Ängsten, Ehrgeiz, von dauernder Spannung in zwischenmenschlichen Beziehungen und von sozialen Faktoren wie Rollenverlust, sozialer Isolation und Mangel an sozialen Kompetenzen. Die genannten Risikofaktoren hängen wechselseitig voneinander ab. Außer im Streßkonzept werden innerpsychische und zwischenmenschliche Faktoren ebensowenig berücksichtigt wie z. B. ökologische, sozialpolitische, kulturelle oder weltanschauliche. Vorbeugung ist vom Ziel her zu planen. In der vom Wertepluralismus geprägten Gesellschaft sind die Ziele für den einzelnen sehr unterschiedlich. Jeder entscheidet für sich, welchen Sinn Vorbeugung für sein Leben im Alter hat oder nicht mehr hat, weil er resigniert und lieber sterben möchte.

11.1.2. Psychische Primärprävention

Pflegende können die verschiedenen Ansätze fördern, auch wenn die Wirksamkeit nicht hinreichend gesichert ist.

— Wenn sich kritische Lebensereignisse häufen, brauchen Alternde Hilfe, diese zu bewältigen, z. B. durch Trauerseminare, durch soziale Unterstützung z. B. durch Selbsthilfegruppen und Hilfen, Kontakte zu bewahren oder neu zu knüpfen.

— Nach dem lerntheoretischen Ansatz können Alternde neue Daseinstechniken lernen, um sich selbst zu helfen, Verantwortung zu übernehmen, sich Anforderungen zu stellen, sich mehr zuzumuten und sich aktiv mit Belastungen auseinanderzusetzen. Je kleiner die Lernschritte und je mehr Partner und Familie verstärken, um so erfolgreicher wird Vorbeugung.

— Kognitive Umstrukturierung bedeutet, daß Alternde lernen sollen, Situationen auch positiv zu deuten, Situationen durch eigenes Handeln verändern zu können, Erfolge seiner eigenen Kompetenz zuzuschreiben und noch wertvoll zu sein, wenn Leistungen im Alter nicht mehr möglich sind. Diese Einstellungsänderung setzt Ich-Stärke voraus, um sich gegen das depressionsfördernde Defizitdenken durchzusetzen.

— Das tiefenpsychologische Konzept zur Depressionsverhütung will das Überich relativieren, die Tyrannei des »ich sollte, muß, darf doch nicht . . .« in Frage stellen, die hohen Leistungsanforderungen drosseln, starke Elternbindungen lösen und das Ich festigen durch mehr Selbstliebe und Aggression zu äußern helfen. Sind diese hohen Ziele ohne Therapie leistbar?

— Pflegende können das sinnorientierte Konzept unterstützen, indem sie Aufgaben vermitteln, die er für sinnvoll hält und noch erfüllen kann, ohne überfordert zu werden. Einem Alternden ist beim heutigen Pflegenotstand zuzumuten, bei der Grundpflege Gleichaltriger zu helfen. Pflegende sollten sich der Sinnfrage eines Älteren stellen, wenn er glaubt, im Leben zu kurz gekommen zu sein oder fragt, was sein Leben noch für einen Sinn habe, wenn er den Pflegenden nur noch zur Last falle. Die Angst des Älteren vor Pflegebedürftigkeit ist oft Angst vor dem Alleingelassenwerden. Können Pflegende diese Angst, aber auch die Hoffnungslosigkeit, die Verzweiflung des alten Depressiven überhaupt ertragen?

11.1.3. Soziale Primärprävention

Pflegende können helfen,

- Kontakte zu erhalten oder aufzubauen, um der Einsamkeit vorzubeugen. Nicht die Zahl der Kontakte, sondern die Qualität, d. h. auf Gegenseitigkeit beruhende Kontakte, sind zu fördern.
- Alternde in Familie, Gruppen, Vereine, Clubs oder Gemeinde zu integrieren, um das Zugehörigkeitsgefühl zu erhalten,

— die Überzeugung zurückzugeben, noch gebraucht zu werden, noch soziale Aufgaben erfüllen und Verantwortung für andere übernehmen zu können, z. B. als Oma,
— vorsichtige Rückmeldung bei Versagen zu geben statt zu kritisieren.

11.1.4. Ökologische Primärprävention

Pflegende können die Umgebung des Kranken freundlich gestalten, für viel Tageslicht und gute Beleuchtung sorgen, die gewohnte Umgebung erhalten. Hinweisschilder zu Hause oder im Heim erleichtern nicht nur die Orientierung, sondern stabilisieren das Selbstwertgefühl, wenn sich der Alternde weniger als Versager erlebt.

11.2. Sekundärprävention

Pflegende können helfen, eine Depression im Alter früh zu erkennen und früh zu behandeln, und dadurch die Gefahr eines Suizids oder eine Chronifizierung abzuwenden.

11.2.1. Körperliche Sekundärprävention

Pflegende sind dem Kranken durch tägliche Pflege näher als Ärzte. Sie können eine organische oder symptomatische Begleitdepression oder eine pharmakogene Depression früh erkennen und behandeln lassen. Sie können im Gespräch mit dem Arzt klären, ob die vielfältigen Beschwerden des Kranken nicht nur auf körperliche Veränderungen, sondern auf eine larvierte Depression zurückzuführen und mit Antidepressiva zu behandeln sind.

11.2.2. Psychologische Sekundärprävention

Früh einsetzende kognitive Verhaltenstherapie ist eine wirksame Sekundärprävention. Pflegende unterstützen die Arbeit der Therapeuten, indem sie dem Kranken kleine, sinnvolle Aufgaben, z. B. Haushaltsarbeiten zumuten. Der Depressive braucht Hilfe, seine Depression zu akzeptieren, mit seinen Aggressionen umzugehen, sich durchzusetzen, Verluste in Trauerarbeit zu ertragen, allein sein zu können, Leistungserwartungen herunterzuschrauben, sich Freude zu gönnen und Bedürfnissen ohne Schuldgefühle nachgehen zu dürfen. Wenn Depressive lesen, was sie noch alles leisten sollen, werden sie depressiv resignieren. Sie brauchen Pflegende, die sie geduldig immer wieder zu kleinsten Schritten ermutigen.

11.2.3. Soziale Sekundärprävention

Pflegende können in Zusammenarbeit mit Sozialarbeitern die Gefahr eines weiteren Rückzugs und einer sozialen Isolation von Verwitweten, Bewegungsbehinderten und unfreiwillig Eingewiesenen früh erkennen und durch Integration in Familie oder Station verhindern. Soziale Sekundärprävention bedeutet mit Bezugspersonen des Depressiven zu arbeiten, z. B. mit Angehörigen, anderen Pflegenden oder mit Ehrenamtlichen, damit sie den Depressiven nicht durch ihre Aktivität noch hilfloser machen, sondern ihm Selbständigkeit in den Aktivitäten des täglichen Lebens zumuten und dafür loben. Pflegende können Angehörige in geleitete Selbsthilfegruppen vermitteln, damit sie sich selbst vor einer in der Interaktion gelernten Depression schützen. Hirsch (1992) schildert in folgender Tabelle die Prävention bei drohender Vereinsamung nach Partnerverlust.

Tabelle 17: Vorbeugung einer Vereinsamung bei Partnerverlust (verändert nach Hirsch 1992, S. 198)

	spezifische Vorbeugung	unspezifische Vorbeugung
person-orientiert	Trauer zulassen Bezugsperson als Vorbild Vereinsamung ansprechen Kontakte fördern	Alltagsfähigkeiten und bisherige Aktivitäten fördern körperlich aktivieren Haustier anschaffen
system-orientiert	Hilfen anbieten Angehörige und Bekannte mobilisieren bisherige Kontakte pflegen Rollenerwartungen verändern	Familienzwist klären Volkshochschule besuchen Altenbildung anbieten Freizeitaktivitäten fördern

11.2.4. Ökologische Sekundärprävention

Pflegende versuchen durch mehr Licht und erfreuliche Umweltgestaltung die Stimmung aufzuhellen.

11.3. Tertiärprävention und rehabilitative Pflege

Die Komplikationen, Chronifizierung und Suizid zu verhindern, wurden oben (Seite 89 ff.) ausführlich beschrieben. Rehabilitative Pflege bemüht sich, Rückfälle zu verhindern. Die Rehabilitation bündelt medizinische, pflegerische, psychologische, pädagogische und soziale Maßnahmen mit dem Ziel, dem Depressiven den bestmöglichen, unabhängigen Gebrauch seiner verbliebenen Fähigkeiten zu ermöglichen bzw. seine Ausfälle auszugleichen. Rehabilitative Pflege setzt nicht an den Defiziten an, sondern an den Restkompetenzen. Der Wiederherstellungs- und Wiedereingliederungsprozeß kann nur in kleinen Schritten erfolgen nach dem Selbsthilfe- und Normalisierungsprinzip im natürlichen sozialen Umfeld des Depressiven. Kompensatorische Hilfen sind nötig, weil Orientierung, Beweglichkeit, Beschäftigungsfähigkeit, Selbständigkeit und soziale Integration beeinträchtigt sind. Diese umfassende rehabilitative Pflege setzt Veränderungen auch ökologischer, ökonomischer, sozialpolitischer und gesellschaftlicher Bedingungen voraus.

11.4. Zusammenfassung der Vorbeugung durch Pflegende

Pflegende helfen dem Alternden,

— sich täglich ausreichend zu bewegen und zu entspannen,

— Aufgaben und Verantwortung auch für andere zu übernehmen, Erfahrungen weiterzugeben, den Tag klar zu strukturieren, geistig aktiv zu bleiben und das Selbstwertgefühl zu erhalten, Ängste vor Pflegebedürftigkeit und vor dem Alleingelassenwerden und Verluste zu bewältigen,

— verzichten zu lernen, täglich Abschied zu nehmen, immer wieder Sinn zu suchen,

— außerfamiliäre Kontakte auch zu Jüngeren in Gegenseitigkeit aufzubauen und zu pflegen, sich in Selbsthilfegruppen zu integrieren und ein Nebenamt zu suchen, um noch »eine Rolle zu spielen«,

— die Wohnung nach eigenen Wünschen freundlich zu gestalten,

— Eine vorbeugende Versorgung Älterer schränkt ihre Selbständigkeit und Kreativität ein, d. h. macht sie hilflos und depressiv. Vorbeugung gegen Depression ist nur erfolgreich, wenn sie die Selbsthilfekräfte Älterer entfalten hilft und mehrdimensional körperlich, psychosozial und ökologisch ansetzt.

12. Pflege der Pflegenden oder wie werden Pflegende mit der Belastung durch Depressive fertig?

Pflegende sind täglich mit dem niederdrückenden (depressiv machendem) Leid, mit dem Fatalismus alter Depressiver, mit Sterbenwollen oder Suiziddrohungen konfrontiert. Wie helfen sich Pflegende, um diese schwere Belastung in der Pflege auf Dauer zu ertragen? Sie brauchen verschieden Hilfen.

12.1. Gesellschaftliche Hilfe

— Der Pflegeberuf muß mehr anerkannt, aufgewertet werden. Das Dienen und der persönliche Einsatz in der belastenden Pflege psychisch Kranker muß wieder wertgeschätzt werden.
— Umdenken ist nötig: Gesundheit ist nicht machbar, sondern ein Geschenk. Leiden und Sterben sind nicht eine persönliche Niederlage von Ärzten und Pflegenden, sondern eine bleibende Not jedes Menschen.
— Pflege ist die Chance, Menschlichkeit in der zunehmend technisierten Medizin wiederherzustellen.
— Depression im Alter ist nicht durch noch mehr Versorgung und Pflege — Anspruchsinflation — zu verhindern und zu behandeln, sondern durch Fördern der Selbsthilfe.
— Der Pflegepersonalschlüssel in Sozialstationen, Kliniken und Heimen ist zu verbessern. Pflegende müssen besser bezahlt und differenzierter aus-, fort- und weitergebildet werden mit entsprechenden Aufstiegschancen.
— Ambulante und stationäre Altenhilfe müssen vernetzt werden.

12.2. Institutionelle Hilfen

— Belastungszeiten sollten verkürzt, Arbeitszeiten flexibel gestaltet werden.
— Der Arbeitsablauf ist nicht nur bewohner- oder patientenorientiert, sondern auch pflegerorientiert zu planen.
— Berufsfremde Tätigkeiten sind zu delegieren, Stellen klar zu beschreiben.
— Raum und Pausen zum Abschalten sind zu ermöglichen.
— Heimleiter sollten Institutionsberatung aufsuchen.
— Ein Krisenplan oder Maßnahmenkatalog bei akutem Pflegenotstand schützt die restlichen Pflegenden vor Überforderung.
— Zeit für Fort- und Weiterbildung muß eingeplant sein.
— Pflegende brauchen mehr Mitentscheidungsmöglichkeiten, um autoritäre Machtstrukturen abzubauen.
— Kooperation mit anderen Berufen, z. B. Seelsorgern, Fachärzten, Sozialarbeitern, Psychologen, Kunst- oder Musiktherapeuten, Ergotherapeuten und anderen, muß gefördert werden.
— Angehörigenarbeit sollte auf jeder Station z. B. von Sozialarbeitern aufgebaut werden, damit Angehörige sich von Schuldgefühlen frei sprechen können, statt sie auf Pflegende in ständigem Nörgeln zu projizieren.

— Pflegende brauchen Aussprachemöglichkeiten oder Selbsterfahrungsgruppen oder fall- und teambezogene Supervision, um Erfolge wahrzunehmen, Gefühle auszusprechen, Riesenansprüche abzubauen und Elternübertragungen auf alte Kranke bewußt zu machen.

12.3. Hilfen zur persönlichen Ressourcenfülle der Pflegenden

werden individuell sehr unterschiedlich angenommen oder eingesetzt:

— Körperliche Hiflen sind Entspannungsübungen, z. B. mit autogenem Training, progressiver Muskelentspannung oder mit mentalem Training, Ausgleichstraining, Sport, Tanz, Genießen von Speisen, Austausch von Zärtlichkeiten, Baden, sich parfümieren usw.

— Psychische Hilfen für Pflegende können Empfehlungen sein, wie z. B.:

Lenken Sie Ihre Wahrnehmung auf Positives!
Klären Sie Frustquellen!
Bewerten Sie Belastungen anders!
Schätzen Sie Ihre Bedürfnisse und Grenzen realistisch ein!
Bauen Sie Ihren Perfektionismus ab!
Übernehmen Sie bewußt Verantwortung!
Belohnen Sie sich nach einem schweren Tag selbst!
Grenzen Sie sich vom Depressiven ab!
Lassen Sie auch negative Gefühle wie Ekel, Ärger, Wut zu und sprechen Sie diese Gefühle aus!
Verwirklichen Sie sich selbst mit kreativen Tätigkeiten!

— Geistige Hilfen können bedeuten:
Suchen Sie nach einem Sinn in der Pflege!

— Soziale Hilfen, die Pflegende brauchen können:
Lassen Sie sich von Kollegen helfen! Bitten Sie um Hilfe!
Verteilen Sie die Aufgaben partnerschaftlich!
Sind Sie dankbar!
Schuldigen Sie keinen Kollegen vor anderen an!

— Ökologische Hilfen, für die Pflegende leicht sorgen können, sind z. B., die eigene Wohnung und die Station freundlich, hell, gemütlich, farbenfroh usw. zu gestalten.

Anhang: Inventar depressiver Symptome

Aus: R. Meermann und W. Vandereycken: Verhaltenstherapeutische Psychosomatik in Klinik und Praxis. Schattauer. Stuttgart, 1991, S. 172–175

Inventar depressiver Symptome (IDS)

Bitte kreuzen Sie zu jeder der folgenden (Symptom-)Fragen jeweils nur eine Antwort an, die den Patienten für die zurückliegende Woche am besten beschreibt.

1 Einschlafschwierigkeiten

0 Patient brauchte nie länger als 30 Minuten, um einzuschlafen

1 Patient brauchte an weniger als der Hälfte der Woche mindestens 30 Minuten, um einzuschlafen

2 Patient brauchte an mehr als der Hälfte der Woche mindestens 30 Minuten, um einzuschlafen

3 Patient brauchte mehr als die Hälfte der Woche über eine Stunde, um einzuschlafen

2 Nächtliches Erwachen

0 Patient erwachte während der Nacht nicht

1 Patient berichtete von ruhelosem, leichtem Schlaf mit einigen Malen Erwachen

2 Patient wurde zumindest einmal jede Nacht wach, doch er schlief leicht wieder ein

3 Patient wurde mehr als einmal pro Nacht, während mehr als der Hälfte der Woche wach und es dauerte mindestens 20 Minuten, um wieder einzuschlafen

3 Früherwachen

0 Patient wurde während weniger als der Hälfte der Woche eine halbe Stunde oder weniger früher wach als notwendig

1 Patient wurde während mehr als der Hälfte der Woche eine halbe Stunde oder mehr früher wach als notwendig

2 Patient wurde während mehr als der Hälfte der Woche eine Stunde zu früh wach

3 Patient wurde während mehr als der Hälfte der Woche zwei Stunden zu früh wach

4 Hypersomnia

0 Patient schlief nicht mehr als 8 Stunden

1 Patient schlief nicht mehr als 10 Stunden während 24 Stunden

2 Patient schlief nicht mehr als 12 Stunden während 24 Stunden

3 Patient schlief mehr als 12 Stunden während 24 Stunden

5 Stimmung (Traurigkeit, Niedergeschlagenheit)

0 Patient war nicht traurig, niedergeschlagen

1 Patient fühlte sich weniger als die Hälfte der Woche traurig, niedergeschlagen

2 Patient fühlte sich mehr als die Hälfte der Woche traurig, niedergeschlagen

3 Patient fühlte sich praktisch die gesamte Woche über sehr traurig, niedergeschlagen

6 Stimmung (Verunsicherung, Irritation)

0 Patient fühlte sich nicht ängstlich, irritiert

1 Patient fühlte sich verunsichert, irritiert, doch weniger als die Hälfte der Woche

2 Patient fühlte sich mehr als die Hälfte der Woche verunsichert, irritiert

3 Patient fühlte sich praktisch die ganze Woche sehr verunsichert, irritiert

7 Stimmung (Angst, Verspannung)

0 Patient war nicht verunsichert oder verspannt

1 Patient war weniger als die Hälfte der Woche ängstlich, verspannt

2 Patient war mehr als die Hälfte der Woche ängstlich, verspannt

3 Patient war praktisch die ganze Woche sehr ängstlich und verspannt

8 Reaktivität der Stimmung

0 Nach positivem Ereignis verbesserte sich die Stimmung des Patienten bis hin zu Normalbefinden und hielt mehrere Stunden an

1 Nach positivem Ereignis hellte sich die Stimmung des Patienten zwar auf, doch Normalbefinden wurde nicht erreicht

2 Patient zeigte nur geringe Stimmungsaufhellung nach Eintritt eines sehr erwünschten, seltenen Ereignisses

3 Patient zeigte keine Stimmungsaufhellung, selbst dann nicht, wenn sehr positive oder sehr erwünschte, herbeigesehnte Ereignisse eintraten

9 Stimmungsvariabilität

0 Bei Patient war kein offensichtlicher Zusammenhang zwischen Stimmungsveränderung und Tageszeit festzustellen

1 Stimmung des Patienten erschien oft abhängig von Dingen und Umständen, die sich zu bestimmten Tageszeiten ereigneten

2 Während der meisten Zeit der Woche schien die Stimmung des Patienten mehr von der Tageszeit als von Ereignissen abhängig

3 Stimmung des Patienten war eindeutig vorhersagbar, indem zu einer bestimmten Tageszeit die Stimmung besser bzw. schlechter war. Stimmung üblicherweise schlechter:
○ morgens ○ nachmittags ○ abends

10 Qualität der Stimmung

0 Stimmung und Gefühle des Patienten waren ungestört bzw. entsprachen echter Traurigkeit

1 Stimmung des Patienten war meist wie bei Trauer, obgleich nicht immer vermittel- und erklärbar, mit mehr Angst verbunden oder sehr viel intensiver

2 Stimmung des Patienten war weniger als die Hälfte der Woche qualitativ deutlich verändert und von dem Gefühl der Trauer verschieden und daher anderen schwer zu erklären

3 Stimmung des Patienten war praktisch die ganze Woche qualitativ verändert (im Vergleich zur Traurigkeit)

Nur 11 oder 12 beantworten:

11 Appetit (Reduktion)

0 Patient zeigte keine Veränderung des gewöhnlichen Appetit- und Hungergefühls

1 Patient aß weniger als gewöhnlich (Frequenz und/oder Menge)

2 Patient aß deutlich weniger als gewöhnlich und nur unter großer Anstrengung (sich überwinden)

3 Patient aß selten während 24 Stunden und nur mit großer Anstrengung oder mit Aufforderung/Kontrolle durch andere

12 Appetit (Steigerung)

0 Patient zeigte keine Veränderung des gewöhnlichen Appetit- und Hungergefühls

1 Patient verspürte häufig während der Woche eine Steigerung des Appetitgefühls

2 Patient aß regelmäßig mehr als gewöhnlich (Frequenz und/oder Menge)

3 Patient verspürte deutliche Steigerung des Appetits, verbunden mit dem Drang zum Überessen und/oder zu Zwischenmahlzeiten

Nur 13 oder 14 beantworten:

13 Gewichtsabnahme (während der letzten 2 Wochen)

0 Patient zeigte keine Gewichtsveränderungen

1 Patient empfindet Gewichtsreduktion

2 Patient verlor 2 oder mehr Pfund

3 Patient verlor 5 oder mehr Pfund

14. Gewichtszunahme (während der letzten 2 Wochen)

0 Patient zeigte keine Gewichtsveränderung

1 Patient empfindet geringe Gewichtszunahme

2 Patient nahm 2 oder mehr Pfund zu

3 Patient nahm 5 oder mehr Pfund zu

15 Konzentration, Entscheidungsvermögen

0 Patient zeigte keine Veränderung im Konzentrations- und Entscheidungsvermögen
1 Patient fühlte sich gelegentlich unentschlossen und unaufmerksam
2 Patient hatte die meiste Zeit Schwierigkeiten, sich zu konzentrieren oder sich zu entscheiden
3 Patient konnte sich selbst auf Kleinigkeiten wie Lesen nicht konzentrieren oder Entscheidungen selbst bei Kleinigkeiten nicht treffen, war entscheidungsunfähig

16 Selbstbewertung

0 Patient sah sich ebenso wertvoll und verdienstwürdig wie andere Menschen
1 Patient war mehr selbstanklagend als üblich
2 Patient glaubte, daß er/sie für andere nur eine Last sei und Probleme verursache
3 Patient grübelte über viele größere und kleinere Fehler nach, die er/sie alle in seiner Person begründet sah

17 Sicht der Zukunft

0 Patient sah die Zukunft mit normalem Optimismus
1 Patient hatte gelegentlich pessimistische Phasen, die jedoch durch andere Personen oder Ereignisse überwunden werden konnten
2 Patient war meist sehr pessimistisch in bezug auf seine nächste Zukunft
3 Patient sah zu keiner Zeit Hoffnung für sich und seine Lage in der Zukunft

18 Suizidvorstellungen

0 Patient hatte keinerlei Gedanken an Selbstmord oder Tod
1 Patient empfand das Leben leer oder nicht lebenswert
3 Patient dachte mehrfach während der Woche an Selbstmord oder den Tod
3 Patient dachte wiederholt und ernsthaft an Selbstmord oder Tod, machte spezifische Pläne oder versuchte, Selbstmord zu begehen

19 Interesse/Beteiligung am Leben

0 Patient zeigte keine Veränderung des gewöhnlichen Interesses an anderen Menschen und Aktivitäten
1 Patient bemerkte eine Verminderung des früheren Interesses an Dingen und Aktivitäten
2 Bei dem Patient waren noch ein oder zwei frühere Interessen erhalten
3 Patient zeigte kein Interesse mehr an geliebten Dingen und früheren Aktivitäten

20 Energielosigkeit

0 Patient war voll unveränderter, gewohnter Energie

1 Patient ermüdete leichter als gewöhnlich
2 Patient mußte sich sehr anstrengen, um alltägliche Dinge zu schaffen oder durchzuhalten
3 Patient war auf Grund von Energielosigkeit nicht in der Lage, alltägliche Dinge zu schaffen

21 Vergnügen, Lustempfinden (außer sexuelle Aktivitäten)

0 Patient beteiligte und vergnügte sich in gewohnter Weise an angenehmen Aktivitäten oder Ereignissen
1 Patient zog weniger Vergnügen aus angenehmen Aktivitäten und Ereignissen
2 Patient zog ganz selten Vergnügen/Lust aus irgendwelchen Aktivitäten oder Ereignissen
3 Patient war unfähig, jegliche Art von Vergnügen/Lust aus irgendwelchen Aktivitäten oder Ereignissen zu ziehen

22 Sexuelles Interesse

0 Patient berichtete von unverändertem Interesse an oder Vergnügen durch sexuelle Aktivitäten
1 Patient berichtete von leicht verändertem Interesse an oder Vergnügen durch sexuelle Aktivitäten
2 Patient berichtete von deutlich verringertem Interesse oder reduziertem Vergnügen an sexuellen Aktivitäten
3 Patient berichtete vom Fehlen jeglichen Interesses an oder Vergnügen durch sexuelle Aktivitäten

23 Psychomotorische Verlangsamung

0 Patient zeigte normale Geschwindigkeit in Denken, Sprechen und Gestik/Mimik
1 Patient bemerkte verlangsamtes Denken und die Stimmodulation ist eingeschränkt
2 Patient berichtete von verlangsamtem Denken und es dauerte einige Sekunden, bis der Patient auf Fragen reagierte
3 Patient reagierte auf Fragen ohne ausdrückliches Daraufbestehen meist nicht

24 Psychomotorische Agitiertheit

0 Patient zeigte keine Steigerung der Geschwindigkeit oder Disorganisation in Denken oder Gestik/Mimik
1 Patient war unruhig, rutschte oft hin und her, rieb seine Hände aneinander, war zappelig o. ä.
2 Patient beschrieb Impulse, sich (ziellos) bewegen zu müssen, oder zeigte motorische Ruhelosigkeit
3 Patient konnte nicht stillsitzen, mußte sich, trotz Aufforderung dazu, es nicht zu tun, hin- und herbewegen

25 Somatische Klagen

0 Patient klagte nicht über Schmerzen oder Beschwerden

1 Patient klagte über Kopf-, Bauch-, Rücken- oder Gliederschmerzen, jedoch behinderten ihn/sie diese Beschwerden nicht

2 Die genannten Beschwerden waren mäßig stark und während mehr als der Hälfte der Woche vorhanden

3 Die genannten Beschwerden waren so stark, daß der Patient funktionell behindert war

26 Sympathotone Erregung

0 Patient zeigte keine Anzeichen von Herzrasen, Schwitzen, Tremor, verschwommenes Sehen, Hitze-/Kälteschauer, Ohrengeräusche/-sausen, Brustschmerzen, Atemnot/Kurzatmigkeit

1 Die genannten Symptome waren bei dem Patienten nur leicht und zeitweilig vorhanden

2 Die genannten Symptome waren bei dem Patienten mäßig stark und während mehr als der Hälfte der Woche vorhanden

3 Die genannten Symptome waren so stark, daß der Patient funktionell behindert war

27 Panik/Phobische Symptome

0 Patient zeigte keine Anzeichen von Panik oder von phobischen Symptomen

1 Patient zeigte leichte Anzeichen von Panik oder von phobischer Symptomatik, das jedoch den Patienten nicht weiter behinderte oder sein Verhalten beeinflußte

2 Patient zeigte deutliche Panik oder phobische Symptomatik, die das Patientenverhalten beeinflußte ohne gleichzeitig zu behindern

3 Patient erlebte (mindestens einmal in der Woche) lähmende Panikanfälle oder phobische Symptome, die den Patienten Vermeideverhalten zeigen ließen

28 Verdauungsbeschwerden

0 Patient hatte normale Verdauung, keine Veränderung oder Beschwerden

1 Patient hatte gelegentlich Verstopfung und/oder Durchfall von leichtem Ausmaß

2 Patient litt die meiste Zeit unter Verstopfung und/oder Durchfall, das jedoch die Funktionsfähigkeit des Patienten nicht beeinträchtigte

3 Patient litt wiederholt an Verstopfung und/oder Durchfall. Dies erforderte Behandlung oder bewirkte Funktionsbeeinträchtigung des Patienten

Literatur

ABROMSON, L. Y., M. E. P. SELIGMAN und J. TEASDALE: Learned helplessness in humans: Critique and reformulation, J. of Abnormal Psychology, **87,** 49—74, 1978

AKISKAL, H. S. und McKINNEY, zitiert nach R. D. HIRSCH: Altern und Depressivität, Huber, Bern, S. 132, 1992

ALLOY, L. B.: Cognitive process in depression, Guilford Press, New York, 1989

ANGST, J.: Epidemiologie der Spätdepression in P. KIELHOLZ und C. ADAMS: Der alte Mensch als Patient, DÄV, Köln, S. 83—94, 1986

ANGST, J.: Epidemiologie der affektiven Psychosen, in K. P. KISKER, H. LAUTER, J. E. MEYER, C. MÜLLER und E. STRÖMGREN: Psychiatrie der Gegenwart 5, Affektive Psychosen, Springer, Berlin, S. 51—66, 1987

ARGYLE, M. und M. HENDERSON: Die Anatomie menschlicher Kommunikation, Junfermann, Paderborn, 1986

BATTEGAY, R.: Depression, Huber, Bern, 1985

BECK, A. T., zitiert nach C. MUNDT, P. FIEDLER, H. LANG und A. KRAUS: Depressionskonzepte heute, Springer, Berlin, S. 240, 1991

BDI von BECK, A., in R. MEERMANN und W. VANDEREYCKEN: Verhaltenstherapeutische Psychosomatik in Klinik und Praxis, Schattauer, Stuttgart, S. 171, 1991

BENGTSON, V. L. und J. KUYPERS, zitiert nach G. HAAG und J. BRENGELMANN: Alte Menschen, Röttger, München, S. 76, 1991

BERGENER, M.: Depressive Syndrome im Alter, Thieme, Stuttgart, 1989

BILLINGS, A. A. und R. H. MOOS, zitiert nach SCHIEPEK, Systemtheorie der klinischen Psychologie, Vieweg, Braunschweig, S. 235, 1991

BLAZER, D. und C. D. WILLIAMS in M. BERGENER: Depressive Syndrome im Alter, Thieme, Stuttgart, S. 64, 1989

BOCK, E. und I. WEBBER: Suicide among the elderly, J. Marriage a. the family, 24—31, 1972

BRON, B.: Pathologische Trauerreaktionen im Alter — klinische und therapeutische Aspekte, Ger. Forschg., **1,** 33—38, 1991

BRON, B.: Depression und Suizidalität im Alter, Z. Gerontol **25,** 43—52, 1992

CIOMPI, L.: Allgemeine Psychopathologie des Alters, in Bd. II, Psychiatrie der Gegenwart, Springer, Berlin, S. 1001 f., 1972

COHEN und LAZARUS, zitiert nach R. D. HIRSCH, J. BRUDER, H. RADEBOLD und H. K. SCHNEIDER: Multimorbidität im Alter, Huber, Bern, S. 21, 1992

COOPER, B. und U. SOSNA: Psychische Erkrankung in der Altenbevölkerung. Eine epidemiologische Feldstudie in Mannheim, in Nervenarzt **54,** 239—249, 1983

DENKWARTH, G. und K. PÜSCHEL: Suizide im Senium, Z. Gerontol **24,** 12—16, 1991

de LEO, D. und R. F. W. DIEKSTRA: Depression and Suicide in Late Life, Hogrefe, Göttingen, 1990

DILLING, H., S. WEYERER und R. E. CASTELL: Psychische Erkrankungen in der Bevölkerung, Enke, Stuttgart, 1984

DORRMANN, W.: Suizid, Therapeutische Interventionen bei Selbsttötungsabsichten, Pfeiffer, München, 1991

DSM-III-R, vgl. Wittchen und Saß

ERLEMEYER, W.: Suizidalität im Alter, Z. Gerontol **21,** 267—276, 1988

FÄHNDRICH, E.: Antidepressive Wirksamkeit von Schlafentzug, in H. HELMCHEN, H. HIPPIUS und M. LINDEN: Depressionen erkennen und behandeln, Vieweg, Braunschweig, S. 159—171, 1987

FAUST, V. und M. WOLFERSDORF: Suizidgefahr, Hippokrates, Stuttgart, 1984

FISSENI, H. J.: Selbstinterpretation und Verhaltensregulation, Hogrefe, Göttingen, 1985

FRANKE, H.: Wesen und Bedeutung der Polypathie und Multimorbidität in der Altersheilkunde, in D. PLATT: Handbuch der Gerontologie, Fischer, Stuttgart, S. 449, 1983

GERTZ, H. J. und S. KANOWSKI: Epidemiologie, in M. BERGENER: Depressive Syndrome im Alter, Thieme, Stuttgart, S. 60—70, 1989

GROND, E.: Prävention der Depressionen im Alter, in H. W. MÜLLER: Prävention von Krankheiten im Alter, Deutsche Zentrale für Volksgesundheitspflege, Frankfurt am Main, S. 99—110, 1992

HAAG, G. und J. H. BRENGELMANN: Alte Menschen, Ansätze psychosozialer Hilfen, Röttger, München, 1991

HÄFNER, H. und A. RIECHER: Research Report Central Institute of Mental Health, Mannheim, Psychol. Med. **15,** 417—431, 1985

HAMD: Hamilton-Depressions-Skala, in CIPS, Collegium internationale Psychiatriae Scalarum, Beltz, Weinheim, 1980

HAUTZINGER, M.: Altersverteilungen depressiver Episoden in einer Gemeindestichprobe, Psychiatr. Praxis **11,** S. 196—199, 1984

HAUTZINGER, M. und J. BAILER: Depressionen in R. MEERMANN und W. VANDEREYCKEN, Verhaltenstherapeutische Psychosomatik in Klinik und Praxis, Schattauer, Stuttgart, S. 169—200, 1991

HENSELER, H.: Narzißtische Krisen/Zur Psychodynamik des Selbstmords, Rowohlt, Reinbek, 1980

HINTERHUBER, H.: Chronische und therapieresistente Depressionen in M. BERGENER: Depressive Syndrome im Alter, Thieme, Stuttgart, S. 239—258, 1989

HIRSCH, R. D.: Altern und Depressivität, Huber, Bern, 1992

HIRSCH, R. D., J. BRUDER, H. RADEBOLD und H. K. SCHNEIDER: Multimorbidität im Alter, Herausforderung für die Psychotherapie, Huber, Bern, 1992

HIRVONEN, P., zitiert in J. HOWE: u. a. Lehrbuch der psychologischen und sozialen Alternswissenschaft, Bd. 2, Asanger, Heidelberg, S. 154 f., 1990

KAY, D. W. K.: Epidemiological aspects of organic brain disease in the aged, in C. M. GAITZ: Aging and the brain, Plenum, New York, 1972

KRAUSS, B.: Alter und Gesundheit, Habilitationsschrift, Uni Göttingen, 1977

KRAUSS, B.: Epidemiologie in K. P. KISKER, H. LAUTER, J.-E. MEYER, C. MÜLLER und E. STRÖMGREN: Psychiatrie der Gegenwart, Bd. 8, Alterspsychiatrie. Springer, Berlin, S. 59—84, 1989

KROHWINKEL, M.: Ist ganzheitlich-rehabilitierende Prozeßpflege in Akutkrankenhäusern umsetzbar?, Plege, 4, 112—121, 1991

KRUSE, A.: Depression und Trauer in R. D. HIRSCH: Altern und Depressivität, Huber, Bern, S. 83—100, und Psychologische Aspekte, S. 53—69, 1992

KUHS, H.: Depresion und Demenz, Dt. Ärztebl. **89,** Heft 30, 24. Juni 1992, A1, 2545—2549

LECHNER, H. und R. SCHMIDT: Herzerkrankungen, Hypertonie und Depression, in M. BERGENER: Depressive Syndrome im Alter, Thieme, Stuttgart, S. 95—108, 1989

LEWINSOHN, P. M., zitiert nach C. MUNDT, P. FIEDLER, H. LANG und A. KRAUS: Depressionskonzepte heute, Springer, Berlin, S. 237, 1991

LUNGERSHAUSEN, E.: Depressive Verstimmungen, in D. PLATT: Handbuch der Gerontologie, Bd. 5, Psychiatrie, Fischer, Stuttgart, S. 274—284, 1989

MORGAN, K., H. M. DALLOSSO, T. ARIE, E. J. BYRNE, R. JONES und J. WAITE: Mental Health and psychological well-being among the very old living at home, Br. J. Psychiatrie **150,** 801—807, 1987

MUNDT, Ch., P. FIEDLER, H. LANG und A. KRAUS: Depressionskonzepte heute, Springer, Berlin 1991

MURPHY, E.: Depressionen im Alter, in K. P. KISKER, H. LAUTER, J. E. MEYER, C. MÜLLER und E. STRÖMGREN: Psychiatrie der Gegenwart, Bd. 8, Alterspsychiatrie, Springer, Berlin, S. 225—252, 1989

ÖSTERREICH, K.: Suizidalität, Sterbewunsch und Fatalismus bei depressiven Alterskranken, in I. FRIEDRICH und R. SCHMITZ-SCHERZER: Suizid im Alter, Steinkopf, Darmstadt, S. 71—80, 1992

PACK, T. R.: Therapie psychischer Erkrankungen, Hippokrates, Stuttgart, 1982

RAUSCH, K.: Suizidsignale in der sozialen Interaktion — und Auswege in der Therapie, Roderer, Regensburg, 1991

REIMER, C.: Suizid, Springer, Berlin, 1982

RILEY, M. und J. RILEY: Individuelles und soziales Schicksal, zitiert nach A. KRUSE: Psychologische Aspekte, in R. D. HIRSCH: Altern und Depressivität, Huber, Bern, S. 62, 1992

SCHIEPEK, G.: Systemtheorie der klinischen Psychologie, Vieweg, Braunschweig, 1991

SCHMIDTKE, A. und B. WEINACKER: Suizidraten, Suizidmethoden und unklare Todesursachen alter Menschen, Z. Gerontol **24,** S. 3—11, 1991

STATISTISCHES BUNDESAMT: Im Blickpunkt: Ältere Menschen, Metzler, Stuttgart, 1991

STEINWACHS, K. C.: Biologische Aspekte, in R. D. HIRSCH: Altern und Depressivität, Huber, Bern, S. 45—52, 1992

WELTGESUNDHEITSORGANISATION: Internationale Klassifikation psychischer Störungen, ICD 10, Huber, Bern, 1991

WITTCHEN, H. U., H. SASS, M. ZAUDIG und K. KOEHLER: Diagnostisches und Statistisches Manual psychischer Störungen, DSM-III-R, Beltz, Weinheim, 1989

Stichwortverzeichnis

E

F

G

H

I

J

K

T

U

V

W

Z